体育・スポーツ系学生のための日本語表現法

学士力の基礎をつくる初年次教育

吉田重和・古阪肇・鴨川明子 編

森下 稔 監修

東信堂

はじめに──本書の特徴

　本書は、体育・スポーツ系学生の日本語運用能力を高めることを目的に作成された初年次教育教材である。世に内容の優れた類書が数多く出版されているが、本書の特徴は、

　体育・スポーツ系学生に対象を特化していること
　平易で実践的な内容に徹していること

の二点である。本書の執筆者たちは、本書の主たる読者が体育・スポーツ系学生であり、日本語の運用が得意"ではない"場合が多いことを念頭に置き、各章の執筆に臨んだ。そして実際の執筆に当たっては、各章で扱うテーマはもちろん、例文や練習問題でのシチュエーションまで含めて、内容が体育・スポーツ系に連なる平易で実践的なものになることにこだわった。本書を手に取った体育・スポーツ系学生の皆さんは、ぜひ各章の隅々まで目を通し、執筆者たちのこだわりを堪能しつつ、学習を進めてほしい。

　一方で、本書には別の側面もある。新潟医療福祉大学健康科学部健康スポーツ学科（新潟県新潟市）に入学した学生は、同学科の保健医療福祉教養科目群にある「日本語表現法Ⅰ」「日本語表現法Ⅱ」を履修する場合、本書を使用して学習を進めることになる。すなわち本書は、同科目で使用されるテキスト（教科書）という位置づけを有している。そのため、本書の内容・分量とも、同科目での半期15回の授業使用に堪える内容になることを第一の目標として作成されている。特定の大学のある科目において利用されることが想定されているため、内容・分量に関しては、他大学での使用に際して不都合があるやもしれない。実際に本書を使用

して授業を展開した先生方や、本書を活用して自学を進めた学生の皆さんにおかれては、内容・分量等を含め、お気づきの点についてぜひご批正をいただきたい。

なお本書の内容の多くは、「刊行の辞」でも言及されているように、初年次教育教材として一定の評価を得ている森下稔・久保田英助・鴨川明子編『新版 理工系学生のための日本語表現法―学士力の基礎を作る初年次教育』(東信堂、2010年刊)を下敷きとしたものである(他方で、第2章「正しい敬語を使用しよう」新設、第5章「データの説明文を書こう」内容改訂、読み物としてのコラム挿入など、本書独自の試みも複数存在する)。また、新潟医療福祉大学にて執筆者たちが行っている授業運営についても、森下らが東京海洋大学海洋工学部において10年間にわたり展開してきた授業実践の知見を参考にしている。その意味で本書は、森下らが作成・開発してきた教材や実践の系統を汲むものであり、有り体にいえば、森下らが作成した教科書の姉妹書としての性質を有している。主題・副題を森下らのそれとほぼ同一にしているのも、森下らの実践に負うところが大きい本書の性質を表すという意図があるためである。

体育・スポーツ系学生の皆さんが、日々の鍛錬や実習等でそれぞれの競技能力や競技指導能力を高めているように、本書での学習を通じてそれぞれの日本語運用能力を伸ばしてくれることを心から願っている。

2016年　春

編者を代表して　吉田　重和

刊行の辞

　本書は、体育・スポーツ系の大学に進学した初年次学生を主たる対象として、将来卒業論文を執筆したり、その内容を発表したり、あるいは社会人として活躍したりするときに備え、日本語表現の技能を高めていくための教材である。

　その内容や構成は、監修者が編者の一人として出版した『新版　理工系学生のための日本語表現法－学士力の基礎をつくる初年次教育－』が基になっている。解説の文章は活かしながら、文例やデータなどの素材を限りなく体育・スポーツ系に合ったものに置き換えた。そればかりでなく、体育・スポーツ系の学生にとって必要な技能として、敬語表現を第2章に加えるなど、独自の内容を含むものに発展している。

　『理工系』の方は、本書と同時に第三版への改訂作業を進め、より理工系らしく、より海洋や船舶の分野らしく、内容を改善していくことになった。特定の大学・学部で用いられている教材を市販化するにあたっては、どこの大学でも活用できるように一般的・普遍的なものに近づけるのが常道と思われる。しかし、出版を引き受けていただいた東信堂社長下田勝司氏の考えは全く違うものであった。東京海洋大学海洋工学部の教科書であることを前面に出すような内容であるべきで、学部の専門的知識に沿ったものにというアドバイスを受けた。初版（2007年）と比べ、新版（2010年）は海洋工学部の個性をより強めたものであったが、各方面にご好評いただき、社長の慧眼を再確認する思いが深まった。そこで、第三版の企画では、海や船にこだわった教材づくりを合い言葉とした。本書の企画も、第三版の考え方を体育・スポーツ系に敷衍したものである。

　さて、初年次学生の資質・能力の面に目を転じると、2009年告示の

高等学校学習指導要領による教育課程の改善において、各教科等における「言語活動の充実」が図られたことの良い影響が期待されるところである。すなわち、国語科や外国語科のみならず、理科や地理歴史科・公民科、総合的な学習の時間などにおいて、レポートの作成や論述、口頭発表のような知識・技能を活用する学習活動が指導計画に位置づけられることになった。最近では能動的学習（アクティブラーニング）という呼び方も盛んに行われている。こうした教育課程（いわゆる新課程）で高等学校の学習に取り組んだ生徒が、2015年度から大学に入学するようになっている。この「言語活動の充実」が十全な成果を上げているとすれば、初年次教育における日本語表現技能に係る授業科目はその必要性が検討されなければならないであろう。本書の執筆陣が感じる実態では、学生による習得度の差が拡大している。申し分のない、賞賛に値するようなプレゼンテーションを披露する学生が増えた一方で、文章作成やプレゼンテーションで全く要領を得ない学生も以前と変わらず存在している。学士力を修得させるという達成すべき学習成果（アウトカム）について、すべての学生に保障するために、初年次教育において日本語表現法の授業がこれからも必要とされている。したがって、本書が学生の自学自習を支援できれば、意義深い出版になると考えられる。

　本書が体育・スポーツ系の学生たちの学びを支援し、有為な人材として社会に貢献できる学士力を身につけ、活躍に繋がるよう、監修者として心から願うものである。

2016年7月

監修者　森下　稔

目次／体育・スポーツ系学生のための日本語表現法

はじめに──本書の特徴 ………………………… 吉田重和　i

刊行の辞……………………………………………… 森下　稔　iii

第1章　わかりやすい文を書こう ……… 本柳とみ子　3
　　　　──非文・悪文・話し言葉をなくす

第2章　正しい敬語を使用しよう ……… 吉田　重和　23

　コラム：人生って何が起こるかわからない！ … 中島　郁子　41

第3章　要約文を書こう ………………………… 武田丈太郎
　　　　　　　　　　　　　　　　　　　　　　　　髙木　直之　45
　　　　　　　　　　　　　　　　　　　　　　　　森下　稔

第4章　手順の説明文を書こう ……………… 中島　郁子
　　　　　　　　　　　　　　　　　　　　　　　　吉田　重和　63

　コラム：「とびきり居心地の良い場」としてのスポーツを求めて
　　　　　…………………………………………… 佐藤　裕紀　73

第5章　データの説明文を書こう ……… 遠山　孝司　77

　コラム：スキーが教えてくれた故郷の魅力 ……… 武田丈太郎　100

第6章　主張文を書こう …………………… 佐藤　裕紀
　　　　　　　　　　　　　　　　　　　　　　　　森下　稔　103

第7章　プレゼンテーションをしよう ……佐藤　裕紀
　　　　　　　　　　　　　　　　　　　　　　　　久保田英助　117

補　章　文章を書く心がまえとルールを知り、大海へ出よう
　　　　──引用の方法、注と文献リストの作り方
　　　　…………………………………………… 武田丈太郎
　　　　　　　　　　　　　　　　　　　　　　　　鴨川　明子　141

おわりに……………………………………………………… 157
主たる執筆者略歴……………………………………………… 160
ワークシート提出課題………………………………………… 165

イラスト：納富　理恵
　　　　　近藤紀代子

体育・スポーツ系学生のための日本語表現法

第1章　わかりやすい文を書こう
―非文・悪文・話し言葉をなくす―

　　　　　　　　　　　　　　　　　　　　　　　本柳　とみ子

1. 第1章のナビゲーション・マップ

(1) 第1章の目的

　第1章の目的は、わかりやすく、書き手の意図が正しく伝わる文を書く力をつけることである。日本語の表現として正しいか正しくないかということに気を配るだけでなく、伝えるべき内容が読み手に正しく理解される文を書くことに重点をおいて学習しよう。

(2) 第1章のチャート（概要）

　①なぜわかりやすい文を書く必要があるのか
　②非文
　③悪文
　④話し言葉から書き言葉へ

(3) 第1章のポイント

　①読み手の立場に立って書く
　②伝える内容を明確にする
　③非文・悪文を避ける
　④話し言葉と書き言葉の違いを理解する
　⑤書き終わったあとに必ず読み直す

2．非文・悪文・話し言葉

(1) なぜわかりやすい文を書く必要があるのか

　言葉は伝達の手段である。伝達には、話し言葉によるものと書き言葉によるものがあるが、特に、書き言葉では書き手の意図が正確に理解されないことが少なくない。話し言葉の場合はわからないことを聞き返したり、話し手の表情や口調など言葉以外のものを参考にしたりできるが、書き言葉では書かれたものだけで書き手の意図を理解しなければならないからである。また、読み手は自分が持っている知識や情報をもとにして文を読むが、知識や情報は人によって異なるため、書き手の意図と読み手の理解にずれが生じ、誤った理解につながることがある。しかし、論文やレポートでは意図が誤って伝わらないようにする必要がある。執筆に費やした労力を無駄にしないためにも、読みやすく、理解しやすい文を書くことが重要である。

　では、読み手に意図が正確に伝わる文を書くにはどうすればよいだろうか。留意点をいくつかあげよう。まず、読み手の立場に立って文を書くようにしよう。読み手はどのような人で、伝えようとしている知識や情報に関して、何を、どの程度知っているかを考えて文を書こう。次に、どのような言葉を用いて、どのように書けばわかりやすい文になるかを考えながら書こう。難易度の高い専門用語が多すぎないか、主語と述語がねじれていないか、助詞は正しく使われているか、修飾語と被修飾語の関係は明確かなどといったことに注意して文を書こう。また、曖昧な表現を用いていないか、複数に解釈できる文はないかなどにも注意しよう。さらに、文を書く際には、数ある情報の中から必要な情報を精選し、伝えるべき内容を明確にしよう。情報が多すぎると、焦点がぼやけ、伝えたいことが不明瞭になるからである。また、情報が効果的に伝わるように、順序よく組み立てることも大切である。最後に、書き終わった文

は必ず読み返そう。誤字・脱字はないか、主語と述語が呼応しているか、不適切な表現はないかを確かめるとともに、もっとわかりやすい表現や語順はないかなど、書いたものを十分に推敲することが重要である。名文家と言われる人でも、推敲することなしに書いたものを公表することはまずない。あなたも、本章での学習を通じて推敲する力を磨くようにしよう。

　以下では、非文、悪文、話し言葉の順に例を挙げながら、わかりにくい文とはどういうものかを説明し、よりよい文にするための修正のコツを示していく。わかりにくい文として示された例文を、意図が正確に伝わるわかりやすい文にするにはどのように修正したらよいかを考えよう。なお、示されている修正例はあくまでも一例であり、修正方法はほかにも考えられる。

(2) 非　文

　非文とは字の通り、「文として成立していない文」を指す。主語と述語の関係がねじれている文や、誤字や脱字が含まれた文は非文にあたる。以下では、例文を見ながら、なぜ非文であるのか、どのように修正したらよいかを考えてみよう。

①主語・述語の呼応関係

【例文１：主語・述語の対応関係】
私の将来の夢は、サッカー選手として外国のチームで活躍したい。
修正例１
私の将来の夢は、サッカー選手として外国のチームで活躍することです。

> **修正例2**
> 私は、将来は~~サッカー~~選手になって外国のチームで活躍したい。

> **【例文2：主語と述語の呼応関係】**
> 私がこれまでの 20 年間で最も印象に残っているのは、高校2年生の夏に柔道の県大会で優勝したことです。
> **修正例**
> 私にとって、これまでの 20 年間で最も印象に残っているのは、高校2年生の夏に柔道の県大会で優勝したことです。

　例文は、主語と述語が呼応していないため、文として成立していない。【例文1】は、「私の将来の夢は〜活躍することです。」とするか、「私は、将来〜活躍したい。」と修正するのがよいであろう。【例文2】も、「私が印象に残っている」という意味を成さない文になっている。「私にとって」などと書き換えるのも一案である。

　②能動と受動

> **【例文3：能動と受動】**
> この建物では、各階にスプリンクラーが設置している。
> **修正例**
> この建物では、各階にスプリンクラーが設置されている。

　スプリンクラーが何かを設置しているのではないから、スプリンクラーを主語にするならば、「スプリンクラーが設置されている」と受動表現にする必要がある。

③使　役

> **【例文４：使役】**
> 体育教師の重要な役目は、スポーツを通して子どもたちの心身を発達することである。
> **修正例**
> 体育教師の重要な役目は、スポーツを通して子どもたちの心身を発達させることである。

　「心身を発達する」とは言わない。この文の主語は「体育教師の重要な役目」であり、「心身を」となっているから「発達させる」と使役のかたちにする必要がある。

④助詞の使い方

> **【例文５：助詞の使い方】**
> 今回の会議では、2020年の東京オリンピックに組織全体で支援することを参加者全員で確認された。
> **修正例**
> 今回の会議では、2020年の東京オリンピックを組織全体で支援することが参加者全員で確認された。

　レポートなどでは、助詞（「て、に、を、は、が」など）が適切に使われていない文が多い。たとえば、「医療福祉の専攻の学生の調査が行われ」のように一つの文の中で同じ助詞をくり返し使用したり、「このグラフは年齢構成が示している。」のように文型に適さない助詞を使用したりする例である。例文では、「開催に」「支援することを」の「に」と「を」を修正しよう。

⑤誤字・脱字・送りがなの誤り
　どんなに内容が立派であっても、誤字や脱字、送りがなの誤りなどが

あると論文やレポートの評価が下がってしまう。そのため、漢字や表現はこまめに辞書で確認するようにしよう。また、パソコンを用いて文を作成する場合は、変換ミスや打ち間違いに気をつけよう。

【例文6：誤字】
国際化社会に対応するためには、新たな知識の収得が不可決だ。
修正例
国際化社会に対応するためには、新たな知識の習得が不可欠だ。

【例文7：脱字】
環境破壊が進むと、生物の多様性を維持すのは不可能でる。
修正例
環境破壊が進むと、生物の多様性を維持するのは不可能である。

【例文8：送りがなの誤り】
わが国では、予測を上回わる勢いで高齢化が進行している。
修正例
わが国では、予測を上回る勢いで高齢化が進行している。

【例文9：変換ミス】
レポートのテーマは「ワールドカップの経済は急降下」である。
修正例
レポートのテーマは「ワールドカップの経済波及効果」である。

【類題】次の文を修正して、わかりやすい文に書きかえなさい。なお、修正すべき箇所は一問につき、一か所とは限らない。
　［1］本研究は、体力テストの結果から小中学生の体力の実態を把握し、学校や地域での指導の改善に役立てる。

［2］女性には、男性とは異なる社会生活における重荷を負っている。
［3］となりの家では子どもが急に意識を失い、救急車で病院に運んだ。
［4］救命救急士には状況に応じた適格な判断を求められる。
［5］このプログラムは、大学生に環境問題への感心を持つことが目的だ。
［6］国際粉争の平和的解決に向けた新たな条約が採択した。
［7］私はインターンシップ実習で働くことの意義を学んだことがよかった。
［8］この本を読み終えた時には、少し価値感が変わったのを感じた。
［9］試験監督者の指示や警告に著く反する行為は不正行為とみなさる。
［10］私が漕ぎ方が悪かったのか、私のカヌーは下流で突然転覆した。その時の記憶として残っているのは、11月の川の水が冷めたかったことが今でも思い出すことができる。

(3) 悪文

悪文とは、「意味が曖昧な文」「読みにくい文」「まわりくどい文」などである。たとえば、主語と述語、修飾語と被修飾語が離れすぎていると意味が曖昧な文になる。また、一つの文が長すぎたり、句読点が適切に打たれていないと読みにくい文になる。悪文を書かないようにするにはどのような点に気をつけたらよいかを考えてみよう。

①語の適切な位置

悪文の中には、主語と述語、修飾語と被修飾語の位置を近づけることにより、わかりやすくなるものがある。次の例文を見てみよう。

【例文1：主語の位置】
警察が、高齢者がこれまでとは異なる巧妙な手口を用いた振り込め詐欺の被害に遭う事件が急増しているため、新たな対策を検討している。

> **修正例**
> 高齢者がこれまでとは異なる巧妙な手口を用いた振り込め詐欺の被害に遭う事件が急増しているため、警察が新たな対策を検討している。

> **【例文２：修飾語の位置】**
> なかなか公園でのゴミの不法投棄が後を絶たないため、監視カメラの設置が必要だという声が出始めている。
> **修正例**
> 公園でのゴミの不法投棄がなかなか後を絶たないため、監視カメラの設置が必要だという声が出始めている。

　【例文１】では、主語である「警察は」を述語である「検討している」の近くに置く方が読みやすい。また【例文２】では、修飾語の「なかなか」の位置を変更することによってわかりやすい文になる。

　②多義文（複数の意味にとれる文）
　修飾・被修飾の関係が曖昧だと複数の解釈ができ、情報が間違って伝わるおそれがある。以下の文で確認しよう。
　③副詞の呼応

> **【例文３：多義文・修飾関係が曖昧な文】**
> 子どもは泣きながら家を出た母親の後を追った。
> 　**修正例**　泣いていたのが子どもなら
> →子どもは泣きながら、家を出た母親の後を追った。
> →泣きながら、子どもは家を出た母親の後を追った。
> 　**修正例**　泣いていたのが母親なら
> →子どもは、泣きながら家を出た母親の後を追った。

> 【例文４：多義文・修飾関係が曖昧な文】
> 先週の金曜日にお借りした本をお返しするため研究室にうかがいましたが、先生はお留守でした。
> **修正例**　本を借りたのが先週の金曜日なら
> →先週の金曜日にお借りした本をお返しするため、研究室にうかがいましたが、先生はお留守でした。
> **修正例**　家を訪問したのが先週の金曜日なら
> →お借りした本をお返しするため、先週の金曜日に研究室にうかがいましたが、先生はお留守でした。

　副詞の中には、うしろに決まった表現を伴うことの多いものがある。これを副詞の呼応関係と言う。たとえば、「全然〜ない」「あまり〜ない」などがその例である。また、「きっと」「必ず」なども、状況に応じて特定の言葉と呼応する。

> 【例文５：副詞の呼応】
> 私は、中学生のときからスポーツ医学に全然興味があった。
> **修正例**
> 私は、中学生のときからスポーツ医学に非常に興味があった。

　【例文５】では、「全然〜ない」という呼応関係を念頭に置いて修正すると良い。例文では「非常に」の意味で「全然」を用いていると思われる。「全然」という言葉を肯定的表現として使用することは間違いではないという指摘もあるが、誤用とみなす人も多いため、レポートなどでの使用は避けた方がよいであろう。

　④指示語の使用

【例文6：曖昧な指示語】
この授業では、栄養学の基礎を学び、スポーツ活動との関連性について理解する。また、自らの食事や栄養を振り返り、スポーツをするうえでそれらがいかに重要であるかを認識する。さらに、スポーツ活動におけるその活用方法についても理解を深める。

修正例
この授業では、栄養学の基礎を学び、スポーツ活動との関連性について理解する。また、自らの食事や栄養を振り返り、スポーツをするうえで食事や栄養がいかに重要であるかを認識する。さらに、スポーツ活動における栄養学の活用方法についても理解を深める。

【例文7：指示語の多用】
アフリカにはサバンナと呼ばれる草原地帯がある。そこは熱帯で雨の少ない地域であるため、草木もまばらである。しかし、雨期になるとそこには草が生い茂り、それを求める多くの草食動物が集まってくる。さらに、それをねらう肉食動物もそこに集まってくる。

修正例
アフリカにはサバンナと呼ばれる草原地帯がある。サバンナは熱帯で雨の少ない地域であるため、草木もまばらである。しかし、雨期になるとサバンナには草が生い茂り、草を求める多くの草食動物が集まってくる。さらに、草食動物をねらう肉食動物も集まってくる。

【例文6】は、曖昧な指示語を使用した文例である。この文では、「それら」「その」が何をさしているのかわかりにくい。修正例のように、「食事や栄養が」「栄養学の」と具体的に書く方がわかりやすい。また、【例文7】は、指示語が多すぎる例である。文中に指示語が複数使われていると、それぞれの指示語が何を指しているのか特定されにくくなり、読み手を混

乱させる可能性がある。修正例のように、指示語を具体的に示すとともに不要な指示語は削除しよう。

⑤文の適切な長さと句読点の打ち方

一つの文が長すぎると、文の意味が正しく伝わりにくくなる。また、主語と述語の関係や修飾・被修飾の関係が曖昧になり、わかりにくくなりがちである。さらに、書いている本人も、どう書き始めたのか途中でわからなくなり、その結果、自分の伝えようとしている内容とは違うことを書いてしまうことがある。たとえば、次の文はどのように修正するとよいだろうか。

【例文8：長すぎる文】
認知機能とは視覚や聴覚等によって外部からの情報を理解し、認識する機能のことであるが、認知機能は年をとると低下し、自分が置かれている状況を理解することが難しくなり、周囲の人を戸惑わせ、状況に合わせた反応ができず、トラブルになることも少なくないため、高齢者施設で働く際には認知機能に関する知識を習得しておく必要がある。

修正例
認知機能とは視覚や聴覚等によって外部からの情報を理解し、認識する機能のことである。認知機能は年をとると低下し、自分が置かれている状況を理解することが難しくなる。その結果、周囲の人を戸惑わせることが少なくない。また、状況に合わせた反応ができず、トラブルになることもある。それゆえ、高齢者施設で働く際には認知機能に関する知識を習得しておく必要がある。

【例文8】は、文が長すぎるために読みにくいと感じるだろう。この場合、読み手が理解しやすいように、全体をいくつかの文に分け、接続詞を補うとよい。文を適切な長さに保つためには、句読点(句点は「。」、

読点は「、」を打つ位置も重要である。以下の例文では句読点の打ち方について検討してみよう。

> 【例文9：句読点の打ち方】
> わがチームは、延長戦の前半終了直前に、相手チームに点を奪われ、延長戦前半が終わり、延長戦後半の終了間際に同点に追いつき、勝負はPK戦になり、わがチームのキーパーも頑張ったが、最終的には相手チームが勝利した。
>
> 修正例
> わがチームは延長戦の前半終了直前に相手チームに点を奪われ、延長戦前半が終わった。延長戦後半では、終了間際に同点に追いつき、勝負はPK戦となった。PK戦ではわがチームのキーパーも頑張ったが、最終的には相手チームが勝利した。

【例文9】も読点のみで文をつなげているため、長い一文となっている。加えて、読点が必要以上にありすぎて読みづらい。まず、句点で切り、一文を短くしよう。次に、読点を必要なものだけに精選しよう。句読点は、多すぎても少なすぎても、読みづらい。句読点の打ち方には絶対的なきまりはないが、読み手が理解しやすい文にすること、また、意図が正しく伝わる文にすることを念頭において打つようにしよう。複数の意味にとれる多義文では、適切な位置に読点を打って意味を明確化し、何行にもわたる長い文の場合は、途中に句点を入れていくつかの文に区切るなどの工夫をしよう。

【類題】次の文を修正して、わかりやすい文に書きかえなさい。
［１］日本政府は今回の地震で多くの子どもたちが家族を失いその中には心のケアを必要としている者も少なくないため医師や看護師とともに心理カウンセラーを現地に派遣した。
［２］私は電車の窓から手を振っている人たちを見た。

［3］評判の悪い近所の家の犬が、昨夜は一晩中ほえ続けていた。
［4］海が青く見えるのは太陽の光によるものである。それには七色があるが、その光はそれぞれ海水の中で届く距離が違い、青色の光だけがその中で百メートル以上届く。それゆえ、それは青く見えるのだ。
［5］明日の試合で彼はきっと優勝するかもしれない。
［6］手術のあと3ヶ月リハビリを行ったので、肩の動きも正常になってきたので、先週からピッチングを始めた。
［7］文部科学省の調査によると、子どもの体力・運動能力は、1980年代から現在にいたるまで低下傾向が続いており、30年前に実施した親の世代の調査と比較するとほとんどの項目で数値が下まわっているが、身長、体重など体格の面では親の世代を上回っており、体格が向上しているにもかかわらず、体力・運動能力が低下していることは、身体能力の低下が著しいことを示しており、対策が必要である。

(4) 話し言葉から書き言葉へ

①話し言葉

　レポートの中には、立派な内容を論じているにもかかわらず、文章全体に日常会話やメールで使う口語的な表現が見られ、稚拙な文章に感じられるものがある。論文やレポートを書くときには、話し言葉では書かないことが原則である。ここでは下記の例文を読んで、話し言葉と書き言葉の違いに気づくトレーニングをしてみよう。

【例文1：話し言葉】
就職活動は大変だと聞いているけど、私的には結構大丈夫な気がする。

修正例
就職活動は大変だと聞いているが、私の場合は、それほど大変ではないように思える。

【例文２：話し言葉】
人工衛星を用いた測位システムは、カーナビとかいろんなものに使われてる。
修正例
人工衛星を用いた測位システムは、カーナビなどいろいろなものに使われている。

【例文３：話し言葉】
瞬発力を高めるには、全力ジャンプやスタートダッシュなんかが効果的みたいだ。
修正例
瞬発力を高めるには、全力ジャンプやスタートダッシュなどが効果的なようだ。

②「ら抜き言葉」

「見れる」「来れる」「食べれる」などの「ら抜き言葉」は日常の話し言葉では広く使われているため、文を書く時に自分でも気づかぬうちに使ってしまうことがある。書き言葉では「ら抜き言葉」を用いないように気を配ろう。

【例文４：ら抜き言葉】
晴れた日には屋上から佐渡の全景が見れる。
修正例
晴れた日には屋上から佐渡の全景が見られる。

③「である」調への統一

一つの文章に、「です・ます」調と「である」調が混在している例を見ることがある。論文やレポートでは「である」調で書くのが一般的である。

早いうちから「である」調で文を書く訓練をしておこう。

> 【例文５：「である」調への統一】
> 図１のグラフからも明らかであるが、近年、日本では子どもの体力が低下しています。
> 修正例
> 図１のグラフからも明らかであるが、近年、日本では子どもの体力が低下している。

【類題】次の文に含まれる話し言葉を、書き言葉に書きかえなさい。
［１］サボテンの葉がとげみたく細いのは水分の蒸発を防ぐためである。
［２］私的には、やっぱりコーチングが何気に面白い。
［３］有酸素運動はダイエットにすごく効果があるみたいだ。
［４］水中カメラを使ったが海中の魚の動きはよく見れなかった。
［５］東日本大震災では、これまでの想定をはるかに超える巨大地震と津波により、広範囲にわたりものすごい被害がもたらされました。震災で心身ともに傷ついた子どもたちの心をケアし、元気を与えるためにはスポーツ活動なんかが有効な手段である。

3．練習問題

次の文を修正しなさい。

〈非文〉
１．この博物館には恐竜の標本が展示している。
２．このグラフは、年齢別スポーツ人口の比率が示している。
３．裁判員制度を社会に根付くためには、裁判員の経験が社会全体で

供有することが大切だ。

〈悪文〉
4. 私は卒業後の進路について相談するために帰省中の友人に電話をかけた。
5. 私は、このような遺跡がこれまで多くの人が非常に大切だと考えたからこそ、長い年月を経た今もなお残されているのだと考える。
6. 今年の夏、私は学生のためのアムステルダムで開催された国際スポーツフォーラムに参加し、参加者は世界各国から来ていたが、日本人はわずかしかいなかったため初日は非常に不安だったが、いろいろな人が話しかけてくれたので次第に不安がなくなり、翌日からはプログラムに積極的に参加することができた。私にとってフォーラムに参加して最もよかったことは、友人がたくさんできたことです。

〈話し言葉〉
7. 介護施設では人材が不足している。なので、外国人介護士を採用する施設が増えています。
8. 仕事が割と早く片付いたので、私は夜の会合にも出れた。
9. 海外の大学に留学する学生の留学先としてはやっぱり英語圏が人気だが、中国や韓国なんかのアジアの国を選ぶ学生も結構多い。

〈総合問題〉
10. 社会が高齢化にともない、車を運転する高齢者が増加してる。同時に、高齢者によって引き起こす事故も後を断ちません。高齢者の事故の多くはハンドルやブレーキ操作とかが適切に行えないといった身体機能の低下が原因となっていることが多い。高齢者の事故を減らす対策として、国は法律によって高齢者に安全運転講

習の受講が義務づけている。それと、運転免許証の自主返納も奨励しています。だけど、生活をする上で車の運転を必要とする高齢者も少なくないから、対応にはもっと検討が必要である。

修正例
〈非文〉
1．この博物館には恐竜の標本が展示されている。
2．このグラフは、年齢別スポーツ人口の比率を示している。
3．裁判員制度を社会に根付かせるためには、裁判員の経験を社会全体で共有することが大切だ。

〈悪文〉
4．卒業後の進路について相談するために、私は帰省中の友人に電話をかけた。（卒業後の進路について相談するために帰省中の友人に、私は電話をかけた。）
5．これまで多くの人が非常に大切だと考えたからこそ、このような遺跡が長い年月を経た今もなお残されているのだと私は考える。
6．今年の夏、私はアムステルダムで開催された学生のための国際スポーツフォーラムに参加した。参加者は世界各国から来ていたが、日本人はわずかしかいなかったため初日は非常に不安だった。しかし、いろいろな人が話しかけてくれたので次第に不安がなくなり、翌日からはプログラムに積極的に参加することができた。私にとってフォーラムに参加して最もよかったことは、友人がたくさんできたことである。

〈話し言葉〉
7．介護施設では人材が不足している。それゆえ、外国人介護士を採用する施設が増えている。

8. 仕事が比較的早く終了したので、私は夜の会合にも出ることができた。
9. 海外の大学に留学する学生の留学先としてはやはり英語圏の人気が高いが、中国や韓国などアジアの国を選ぶ学生もかなり多い。

〈総合問題〉
10. 社会の高齢化にともない、高齢者の運転免許保有者数が増加している。同時に、車を運転する高齢者によって引き起こされる事故も後を絶たない。高齢者の事故の多くは、ハンドルやブレーキ操作が適切に行えないなどといった身体機能の低下が原因となっている。高齢者の事故を減らす対策として、国は法律によって高齢者に安全運転講習の受講を義務づけている。また、運転免許証の自主返納も奨励している。しかし、生活をする上で車の運転を必要とする高齢者も少なくないため、対応には更なる検討が必要である。

4．提出課題

ポイントをふまえて、配付される課題に取り組んでみよう。

5．第1章のポイント（復習）

①読み手の立場に立って書く
②伝える内容を明確にする
③非文・悪文を避ける
④話し言葉と書き言葉の違いを理解する
⑤書き終わったあとに必ず読み直す

引用参考文献

中村明 (1995)『悪文―裏返し文章読本』筑摩書房。
野内良三 (2010)『日本語作文術―伝わる文章を書くために』中央公論新社。
町田健 (2006)『町田式　正しい文章の書き方』PHP研究所。
石黒圭 (2012)『論文・レポートの基本』日本実業出版社。
石黒圭 (2007)『日本語てにをはルール』すばる社。

第2章　正しい敬語を使用しよう

吉田　重和

1. 第2章のナビゲーション・マップ

(1) 第2章の目的

　第2章の目的は、敬語の種類と使い分けの基本を習得した上で、敬語を適切に使用した文の書き方を学ぶことである。また敬語使用のトレーニングとして、目上の人物宛のEメール作成場面を取り上げることで、Eメール作成上の注意点も併せて理解する。

(2) 第2章のチャート（概要）

　①なぜ敬語を学ぶのか？
　②敬語の種類と使い分け
　③間違いやすい敬語
　④Eメール作成上の注意点とは？
　⑤敬語を適切に使用した文を書くためには？

(3) 第2章のポイント

　①敬語を適切に使用することは、言語運用の観点から他者に礼儀を示すことである。
　②敬語は5種類ある。
　③敬語を使い分ける基本的なポイントは、「その行為の主体が誰か」を意識することである。
　④間違いやすい敬語の具体例を知り、誤って使用しないように注意する。
　⑤Eメール作成上の注意点を理解し、表現・形式ともに適切なEメールを作成する。
　⑥　敬語は急に上手に使えるようにはならない。普段から意識して敬語を使用した文章(Eメールを含む)を作成することが重要である。

2．敬語の基本と敬語を適切に使用した文章の書き方

(1) なぜ敬語を学ぶのか？

　体育・スポーツ系学生に対する世間的なイメージの一つに、「上下関係に厳しく、礼儀正しい学生が多い」というものがある。一般に、体育会系と呼ばれる強豪校の部活動集団においては、厳しい上下関係が存在する場合が多い。そのため、これらの組織に所属している体育・スポーツ系学生は、同世代の非体育会系の若者に比べ基本的な礼儀作法が身に付いており、結果として好感を持たれやすいのだと考えられる。

　しかしながら、体育・スポーツ系学生が文章表現上も上下関係に厳しく礼儀正しいかというと、残念ながらそうではない場合が多い。その原因は、体育・スポーツ系学生の多くが、これまでの生活において、動作・態度面での礼儀作法習得に重きを置き過ぎ、言語運用面での礼儀作法、すなわち敬語の習得を後回しにしてきたからだと考えられる。この弱点を克服し、敬語を日常的に使いこなせるようになれば、体育・スポーツ系学生である皆さんは、礼儀作法を真に身につけたといえるであろう。

　そこで本章では、日本社会においてコミュニケーション上重要な位置を占めている敬語の種類と使い分けの基本を学習していく。また、敬語使用の具体的な場面として、目上の人物宛のEメール作成を取り上げる。ここではEメール作成上の注意点も併せて理解しながら、敬語を適切に使用した文の書き方を学んでいこう。

(2) 敬語の種類と使い分け

　敬語とは、表現の主体である話し手や書き手が、他者に対し何らかの敬意を表すための表現手法である。敬意の度合いは年齢や職業、立場や経験などに基づく自他の社会的関係において判断されるものであるが、自らの気持ちに即して主体的に敬語表現を選ぶことが何よりも重要であ

る。

　上記内容とやや重複するが、敬語の役割とは、言葉を用いて自らの意思や感情を他者に伝えるにあたり、単にその内容を表現するだけでなく、他者と自身との人間関係・社会関係に基づき、自らの気持ちの在り方を表現することである。敬語の運用に際して困難さを感じる若者が多いのは確かであるが、敬語は、日本社会において円滑にコミュニケーションを行い、豊かな人間関係を築いていくために不可欠な表現である。これまでの日本語の歴史において、敬語が一貫して重要な役割を担ってきたことを踏まえておきたい。

　従来、敬語は尊敬語・謙譲語・丁寧語の3分類であったが、2007(平成19)年の文化審議会答申「敬語の指針」では、より細かく、以下の5分類に整理されている。

　①尊　敬　語：相手の行為・ものごと・状態を敬うときに用いる言葉
　　　　　　　　相手を敬い、相手を上に立てる
　　　　　　　　「(相手)が〜する」：お(ご)〜になる／〜れる・られる

　②謙譲語Ⅰ：自分の行為をへりくだり、相手を敬うときに用いる言葉
　　　　　　　相手を敬い、自分が下に立つ
　　　　　　　「(自分)が〜する」：お(ご)〜する／〜(さ)せていただく

　③謙譲語Ⅱ：相手や第三者に丁重に伝えるときに用いる言葉
　　　　　　　相手に対する敬意に焦点を置かず、自分が下に立つ

　④丁　寧　語：丁寧に伝えるために用いる言葉
　　　　　　　　丁寧に伝えるために文末を「〜です・ます」にする
　　　　　　　　「(　　)が〜です(ます)」

⑤美 化 語：物事を美化して述べる言葉
　　　　　　　物事を美化して述べるために「お（ご）」を名詞の前につける
　　　　　　　「お（ご）＋名詞」

　敬語を適切に使用するためには、「主語が誰であるか／誰の動作であるか」に着目することが重要である。一般に、主語である動作主の人物が敬意の対象である場合は尊敬語を使い、相手が敬意の対象であることを念頭に、自分が動作主として主語となる場合は謙譲語Ⅰを使う。まずは動作の主体である主語が誰かを意識した上で、尊敬語と謙譲語Ⅰを使い分けられるようになろう。
　上記のような謙譲語Ⅰに対し、相手に対する敬意に焦点がないものの、自分が主語となり相手に丁重に内容を述べる場合は謙譲語Ⅱを用いる。ややわかりにくいかもしれないが、自分の動作や自分に関係する人・物事を低く表現することによって敬意を表す、という意味では謙譲語Ⅰと同様である点を押さえておきたい。
　丁寧語は、動作の主体や敬意の対象を問わず、物事を丁寧に表現することで敬意を表すものである。また美化語は、接頭辞「お（ご）」を付け、物事を美化することで話し手の品位を高め、丁寧に話していることを表すものである。美化語の具体的な例として、「お茶」「お箸」「ご祝儀」などを挙げることができる。
　以上の点を踏まえた敬語の使い分けのフローチャートを、図1に示す。
　さらに、これまでの内容を踏まえ、敬語の変化の具体例として、「行く」がどのように変化するかを図1の下部に示す。主語と敬意の対象に着目し、それぞれ敬語を確認してほしい。

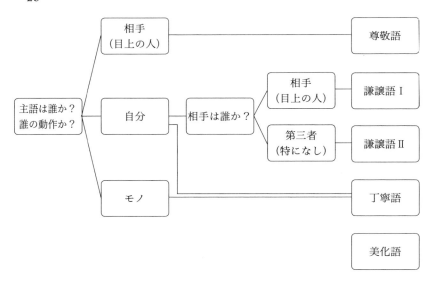

図1 敬語の使い分けフローチャート

基本文	私は来週の月曜日大学に<u>行く</u>。
尊敬語	山田先生は来週の月曜日大学に<u>いらっしゃる</u>。
謙譲語Ⅰ	私は来週の月曜日山田先生の研究室に<u>伺う</u>。
謙譲語Ⅱ	私は来週の月曜日大学に<u>参る</u>。
丁寧語	私は来週の月曜日大学に<u>行きます</u>。

　敬語の実践的な使用にあたっては、上記「行く」のように使用頻度が高い言葉について、尊敬語・謙譲語（Ⅰ・Ⅱ）・丁寧語のかたちを理解し、使い慣れておくと良いだろう。すべてのかたちを網羅しているわけではないが、以下の表を参考に、それぞれの敬語にぜひ慣れてほしい。

	尊敬語	謙譲語	丁寧語
基本形	お（ご）〜になる	お（ご）〜する	〜ます
会う	お会いになる 会われる	お目にかかる お会いする	会います
行く	いらっしゃる おいでになる	伺う 参る	行きます
いる	いらっしゃる おいでになる	おる	います
思う	お思いになる 思われる	存じる	思います
聞く	お聞きになる 聞かれる	伺う、拝聴する お聞きする	聞きます
来る	いらっしゃる おいでになる 来られる	参る	来ます
する	なさる される	いたす	します
食べる	召し上がる 食べられる	いただく 頂戴する	食べます
見る	ご覧になる 見られる	拝見する	見ます
もらう	もらわれる お受けになる	いただく、頂戴する 拝受する	もらいます

表　基本語の尊敬語・謙譲語・丁寧語

(3) 間違いやすい敬語

　先の表などを活用し、注意して表現すればそれほど難しくないように思われる敬語であるが、使い慣れていない場合にはやはり誤用が生じる。ここでは良くある誤用として、①混同、②過剰、③マニュアル敬語を確

認してみよう。それぞれの例から間違いの内容を確認し、適切な敬語に修正できるようになってほしい。

① 混同

> 【例文1】
> 私は、監督に初めてお会いになった日のことを今でも覚えている。
> 修正例
> 私は、監督に初めてお会いした日のことを今でも覚えている。

> 【例文2】
> （監督に対し）明日の練習に、昨年度卒業生の佐藤先輩がいらっしゃるそうです。
> 修正例
> （監督に対し）明日の練習に、昨年度卒業生の佐藤先輩が来るそうです。

　敬語の使用に際して多い間違いは、主語と敬意の対象を誤って捉え、尊敬語と謙譲語を混同して使ってしまうことである。例文1の場合、「会った」の主語は監督ではなく私であるから、尊敬語「お会いになった」ではなく、謙譲語「お会いした」「お目にかかった」などを使用するのが適切である。

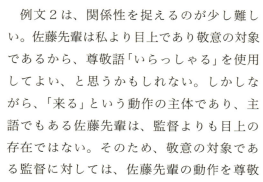

　例文2は、関係性を捉えるのが少し難しい。佐藤先輩は私より目上であり敬意の対象であるから、尊敬語「いらっしゃる」を使用してよい、と思うかもしれない。しかしながら、「来る」という動作の主体であり、主語でもある佐藤先輩は、監督よりも目上の存在ではない。そのため、敬意の対象である監督に対しては、佐藤先輩の動作を尊敬

語で伝えるのではなく、敬語を使わず基本形のまま伝えるのが相応しいことになる。

②過　剰

【例文3】
お客さま、こちらでおビールをお召し上がりになられますか。
修正例
お客さま、こちらでビールをお召し上がりになりますか。

【例文4】
指導案を拝見させていただきました。
修正例
(先生に対し)指導案を拝見いたしました。

　敬語は、重ねて使えば敬意が上がるというものではない。例文3と例文4は、敬語を過剰に使用した誤用例である。例文3は、客に対し、「飲む」の尊敬語「お召し上がりになる」を使用している点はよい。しかしながら、尊敬の助動詞「られ」も重ねられ、尊敬表現が二重になってしまっている。そのため、助動詞「られ」を取る必要がある。また、一般に美化語の接頭辞「お(ご)」は外来語には付けないことから、「おビール」も「ビール」と修正しよう。

　例文4も、先生に対して敬意を表すために、「見る」の謙譲語と「する」の丁寧語を組み合わせた「拝見いたす」を使用していることはよい。しかしその後に、「させていただく」という謙譲表現を続けるのは、謙譲表現が重なっており、過剰である。敬語表現に慣れていない場合、「させていただく」をすべての表現に付して謙譲表現としてしまうことが多いので、注意が必要である。

③マニュアル敬語

【例文5】
お客さま、ケチャップのほうはお付けしてよろしかったですか。
修正例
お客さま、ケチャップはお付けしてよろしいですか。

【例文6】
10,000円からお預かりいたします。
修正例
10,000円をお預かりいたします。

　例文5と例文6は、マニュアル敬語と呼ばれる誤用例である。「〜のほう」「〜になります」「〜円からお預かりします」「〜でよろしかったですか」などのマニュアル敬語は、若者を中心に社会に定着しつつある、との指摘もある。体育・スポーツ系学生である皆さんも、生活のいろいろな場面で耳にしたり、また実際に使用したりしたことがあるだろう。しかしながら、言葉の元々の意味を考えたとき、これらは正しい敬語とはいえない。たとえば、店員としてケチャップの要不要を尋ねたい例文5の状況において、「ケチャップのほう」とぼかしたり、「よろしかった」と過去形にしたりする必要はない。これらの表現に違和感を覚える人が多いことと併せて、正しい敬語とはいえない点を理解しておこう。

(4) Eメール作成上の注意点とは？

これまでの学習内容を踏まえ、実際に敬語を適切に使用した文章作成のトレーニングをしてみたい。敬語を使用して文章を作成しなくてはならない具体的場面は複数考えられるが、ここでは、目上の人物宛のEメール(以下、メール)作成を取り上げてみよう。

まずは、メール作成上の注意点を改めて確認してみたい。入学後すぐのガイダンスや基礎ゼミナールなどでも学習しているだ

ろうが、教職員を含む学内外の人物とメールにて連絡を取り合う場合は、大学指定のメールアドレスを利用することが望ましい。その上で、メール作成においては以下の4点を特に心がける必要がある。

①メールの受信状況を定期的に確認する。
　アプリケーションや転送機能を積極的に活用して、スマートフォンやタブレット端末など身近な機器でメール受信を定期的に確認する習慣をつける。
②返信が必要なメールには、速やかに返信する。
　内容によっては確認や調整が必要となり、返信に時間がかかる場合もあるだろう。しかしその場合でも、返信に時間がかかる旨をまず伝えておくとよい。
③メールを送信するのは、原則として何時でも良い。
　自身の都合で作成・送信できるのがメールの利点である。ただし、深夜や早朝にメールを送信するのは非常識だと考える人もいる点に留意する。
④伝えられる情報量が限られている点に注意する。
　文章のみで意思疎通を図るメールでは、伝えられる情報量が限られ

ていることから、真意が伝わりにくい。必要十分な文章表現でない場合、誤解を招く可能性がある点に留意する。

続いて、メールを送受信する際に知っておくべき最低限の知識事項を確認する。**図2**及び図2下部の説明文を読み、「宛先(TO)」「CC」「BCC」に記入すべきメールアドレスの違いや、件名の位置づけ及び記入すべき内容を理解しよう。なおこれらの事項については、各大学が独自の冊子等を刊行している場合も多い。より詳しく知りたい場合を含め、それらの冊子等をぜひ参照してほしい。

図2　メール作成時の宛先・CC・BCC・件名入力欄の例

宛先／TO：メールを送りたい人のメールアドレスを記入する。「宛先」にメールアドレスを記入すると、メールを受け取った人全員がお互いのメールアドレスを見ることができる。

CC(Carbon Copy)：「宛先」の人以外で、参考までに内容を伝えたり、メールを送信した事実を知らせたりしたい人のメールアドレスを記入する。「宛先」と同じく、メールアドレスを記入すると、メールを受け取った人全員がお互いのメールアドレスを見ることができる。

BCC(Blind Carbon Copy)：「宛先」「CC」の人以外で、①当事者ではないが内容やメール送信の事実を伝えておきたい人のメールアドレスや、②知り合い同士ではない複数の人のメールアドレスを記入する。「宛先」や「CC」とは異なり、メールを受け取った人は、「BCC」に記入されたメールアドレスを見ることができない。

件名：メール本文の内容を短いフレーズで表現して記入する。忘れずに記入するようにしよう。またメール送信者が誰であるかが一目でわかるように、件名の後にカッコ書きで所属・氏名を付けるとよい。

例：【質問】日本語表現法の評価方法について（健スポ１年　佐藤郁太郎）

次に、メール本文を書く際の注意点を整理する。**図3**に、教員が学生に送付する標準的なメール文を示した。メール作成者やメール内容の違いに関わらず、メール作成時に含めるべき点は以下の通りである。図3にもこれらの点が含まれているので、各自で確認してほしい。

① 本文の冒頭に宛名を書く。CCにて同報している場合は、同報している人も宛名に書くことが多い。
② メールを書いている自分自身が何者であるかを名乗る。件名に氏名を入れる場合が多いが、本文でも改めて名乗ること。
③ 用件は手短にわかりやすく、ポイントを絞って書く。第１章で学んだように、読み手に正確に意図を伝えることができるよう、相手の立場に立って文を書くこと。また、本章で学んだ敬語の適切な使用にも留意する必要がある。
⑤ 読み手が文意を読み取りやすいように適宜改行するとともに、内容のまとまりごとに空行を入れる。
⑥ 文章末には、氏名・所属・連絡先等が含まれた署名をつける。多くのメーラーでは、一度作成した署名は保存が可能であり、保存後は必要に応じて随時挿入することができるようになっているので、これを活用すること。

ここまでの内容を踏まえ、学生から教員に送られた授業欠席連絡メール（**図4**）について、①敬語を含めた文章表現上の観点、②適切なメール

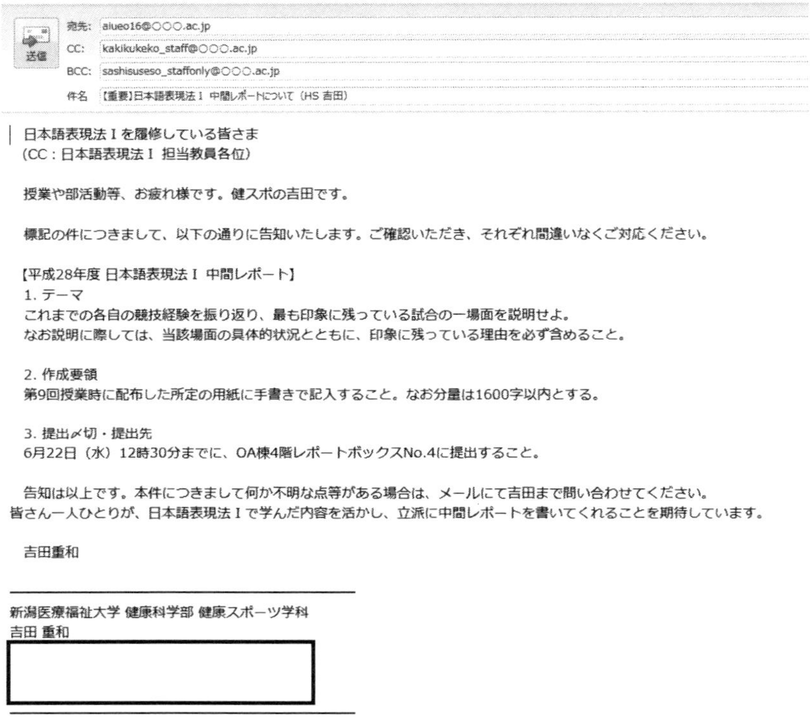

```
宛先: alueo16@○○○.ac.jp
CC: kakikukeko_staff@○○○.ac.jp
BCC: sashisuseso_staffonly@○○○.ac.jp
件名: 【重要】日本語表現法Ⅰ 中間レポートについて（HS 吉田）
```

日本語表現法Ⅰを履修している皆さま
（CC：日本語表現法Ⅰ 担当教員各位）

授業や部活動等、お疲れ様です。健スポの吉田です。

標記の件につきまして、以下の通りに告知いたします。ご確認いただき、それぞれ間違いなくご対応ください。

【平成28年度 日本語表現法Ⅰ 中間レポート】
1. テーマ
これまでの各自の競技経験を振り返り、最も印象に残っている試合の一場面を説明せよ。
なお説明に際しては、当該場面の具体的状況とともに、印象に残っている理由を必ず含めること。

2. 作成要領
第9回授業時に配布した所定の用紙に手書きで記入すること。なお分量は1600字以内とする。

3. 提出〆切・提出先
6月22日（水）12時30分までに、OA棟4階レポートボックスNo.4に提出すること。

告知は以上です。本件につきまして何か不明な点等がある場合は、メールにて吉田まで問い合わせてください。
皆さん一人ひとりが、日本語表現法Ⅰで学んだ内容を活かし、立派に中間レポートを書いてくれることを期待しています。

吉田重和

新潟医療福祉大学 健康科学部 健康スポーツ学科
吉田 重和

図3　教員が学生に送付する標準的なメール文

作成の観点、③その他の観点から問題点を挙げてみよう。また挙げられた問題点の修正案として、適切な文章をメール形式で新たに作成してみよう。なおこれらの課題に取り組むにあたっては、以下の点を踏まえること。

・メールを送った学生には、部活動の公式試合により明日の授業（日本語表現法Ⅰ）を欠席する旨報告するとともに、欠席した場合の対応などについて指示を仰ぎたい、という意図があった。
・他方でこの授業では、公式試合で欠席せざるを得ない場合は、大学所定の書面により欠席届を作成し、遅くとも一週間前までに担当教員に直接提出することが求められていた。

図4　学生から教員に実際に送られた授業欠席連絡メール

(5) 敬語を適切に使用した文を書くためには？

　本章では、敬語の適切な使用の在り方を学んだ。またその上で、メール作成場面を例にとり、敬語習得の必要性を具体的に確認してきた。本章を学び終えた現段階では、敬語が身に付き、使いこなせるようにはなったという実感はないだろう。しかしながら、少なくとも本章の学習以前に比べれば、敬語に対する理解が含まったのではないだろうか。

　本章の途中でも触れたが、今後敬語をより適切に使用できるようになるためには、細かい表現を覚えるというよりも、本章で学んだポイントを理解した上で、日常的に敬語を使い、敬語表現に慣れることが必要である。敬語を使用することは、やや面倒に思われるかもしれない。しかしながら本章冒頭でも述べたように、体育・スポーツ系学生である皆さんが、メールを含む文章表現において敬語を使いこなせるようになれば、言語運用面での礼儀作法も身につけた、真に礼儀正しい人材になることができる。敬語使用に関する皆さんの更なる精進を期待したい。

3．練習問題

　以下の各文に記されている状況での敬語の使い方について、それぞれ

検討しなさい。

1. 佐藤先生は、勤めている学校において、ある会合の司会を頼まれた。会合の冒頭で上司である武田校長があいさつをすることになっているが、このとき、司会として「武田校長から挨拶がある」旨を表現したい。このとき、会合の参加者が①校内関係者のみである場合と、②校外からの参加者が多い場合では、表現に違いはあるだろうか。具体的な例文を作成して考えてみよう。
2. 大学3年生の吉田さんは、所属しているゼミの指導教員がコンパに参加するかどうかについて、「先生も行かれますか」と尋ねた。後日、このやり取りを聞いていた4年生の中島さんから、「あの表現は避けた方が良かったかもしれないね」と助言された。中島さんの助言の意図は何だろうか。より適切な表現とあわせて、考えてみよう。

4．提出課題

　図4に関連して示されている本文中の課題について、巻末のワークシートに書き込み、提出しなさい。
　また、以下の設定で実際にメールを作成し、指定の宛先に、指定された期日までに送信しなさい。なお送信の際には、送信確認の観点から、自身のメールアドレスもCCに入れること。

〈設定〉
　本日（日曜日）午前中に実施された公式試合において、頭部を強打した。監督の指示で本日午後受診したところ、念のため明日まで入院することになった。明日（月曜日）の4限、日本語表現法Ⅰの授業で発表担当となっ

ていたが、上記の理由によりおそらく授業には間に合わず、発表することができない可能性が高い。日本語表現法Ⅰの授業担当教員にメールで連絡をし、状況を説明した上で指示を仰ぐ。

5．第2章のポイントの復習

①敬語を適切に使用することは、言語運用の観点から他者に礼儀を示すことである。
②敬語は5種類ある。
③敬語を使い分ける基本的なポイントは、「その行為の主体が誰か」を意識することである。
④間違いやすい敬語の具体例を知り、誤って使用しないように注意する。
⑤Eメール作成上の注意点を理解し、表現・形式ともに適切なEメールを作成する。
⑥ 敬語は急に上手に使えるようにはならない。普段から意識して敬語を使用した文章(Eメールを含む)を作成することが重要である。

引用参考文献
沖森卓也・半沢幹一(2007)『日本語表現法―〈付〉ワークブック 改訂版』三省堂。
名古屋大学日本語研究会(2009)『スキルアップ！日本語力―大学生のための日本語練習帳』東京書籍。
文化審議会答申(2007)「敬語の指針」。
山根智恵・久木田恵(2011)『改訂新版　基礎から学ぶ日本語表現法』大学教育出版。
立教大学大学教育開発・支援センター (2012)「MASTER of WRITING」。

練習問題の解答

1．①のように会合の参加者が校内関係者のみである場合は、学校での立場のみを考慮すればよい。武田校長に敬意に敬意を示す表現を使い、「武田校長からご挨拶をいただきます」などとすればよいだろう。一方で、②のように校外からの参加者が多い場合は、校内関係者である校長ではなく、参加者に敬意を示す必要がある。「校長の武田からご挨拶を申し上げます」などとする。

2．「行かれる」という表現は、「行く」に尊敬の助動詞「れる」がついた尊敬表現である。ゼミの指導教員という敬意を示すべき対象の行為に使用しており、決して間違いとはいえない。しかしながら、「行かれる」は、そのかたちから「行くことができる（行ける）」という可能表現を想起させる。そのため、よりはっきりと尊敬表現であることを示すことができる、「いらっしゃる」などを用いたほうが良いだろう。「先生もいらっしゃいますか」などが適切である。

コラム：人生って何が起こるかわからない！

中島　郁子

　つんとする冷気を感じる外気を切りさいて飛ぶ旅客機の、心地よく暖かな座席で、寝惚け眼の私は小さな窓からみえる、滑走路を眺めながら、今日結婚式を挙げる、私の大切な友人に思いを馳せていた。
　同級生の結婚式というのは、毎回楽しみという一方で、どこか気恥ずかしさが入り混じる。かつて日本一を目指した高校時代、彼女とはともに切磋琢磨していた仲間であった。

　高校入試の前日に、彼女と初めて顔を合わせた。これから一緒に日本一を目指す同級生としてである。出会った時の、ほっとするような、気が引き締まるような、不思議な感覚を覚えている。合格通知を受け取ってすぐ、中学卒業からわずか5日後に始まった寮生活は、練習はもちろん、予想をはるかに超えて上下関係が厳しかった。早朝の寮の道場での練習が終わると、高校までの3キロの道のりを走って登校する。夕方は練習が終わったあと、1年生は、電話番と部屋の掃除に追われて、ときには、お風呂に入れない日や、夕飯を食べられないこともある。とにかく毎日が必死だった。それでも2年生の秋以降、私たちはメンバーに入り――特に彼女は中心的な存在としてチームを引っ張った。やがて3年生になりチームは5年連続となるはずだった全国優勝を逃した…。
　それまでわき目も振らずに走り抜けてきて、ついに「引退」した10月、ピリピリした生活からやっと解放された。結局は、引退し

ても現役時代と変わらない練習量で、進学先で期待されている活躍の準備と、後輩の指導に追われる毎日になったが、その頃、彼女は練習に出なくなった。

　始めの違和感は、朝起きたとき。「手の指がむくんで動かないので、疲れかなと思った」と言う。市内の病院ではすぐには原因がわからず、病院をいくつか訪ねたらしい。そうして、様々な検査の結果「膠原病（こうげんびょう）」と診断された。それは免疫機能が侵される病気で、疲れることは極力さけなければならない、さもなければ生命に関わる、というものだった。競技引退が避けられないという非情な現実が、突然、将来有望なわが友人に降りかかってきたのである。われわれ同級生は、何か大きなことが彼女の身に起こっている、という推測をするしかなかった。

　彼女はそれでも、合格をもらった大学へ入学することを決意した。自分自身の夢はおろか大学の期待を裏切り、場合によっては、高校と大学のパイプを切ることになるかも知れない、まさにいばらの道である。それでも、競技と関わっていくことを彼女は選択したのだった。
　大学入学後は病状が安定せず、幾度も入退院を繰り返したそうだが、彼女は部活にいることにこだわった。マネージャーとして、後輩たちが全国大会で活躍して輝かしい道を歩くのを、彼女は陰からサポートしてゆくが、どんな気持ちだったのだろうか。時に十何錠もの薬を服用しながら、彼女は、自分にできる精一杯のサポートを４年間継続し、最後の年には彼女の力もあって（と信じる）全国優勝する同級生がいた。命がけの彼女の選択を、私は、友人として心か

ら誇りに思った。

　病を得てからの彼女は、会うたびに目を見張るほど変わっていった。なにより、「今」を大切にするようになった。何をするにも一生懸命である（もともとマジメな性格ではあったけれど）。それは、鬼気迫るものがあった。私は、そんな彼女から、多くのことを学ばせてもらった。たとえば日常を、以前より大事にするようになっている。
　あれから11年、彼女は今も、少しも歩を緩めない。休みを有効に過ごし、家族との時間を大切にする。この一瞬の大切さを、彼女は会うたびに教えてくれる。一方で、彼女が抱えてきたさまざまな苦悩を、私はどれだけ理解していたのだろう。
　生涯の伴侶を見つけた彼女は、早く子育てがしたい！とすでに意気揚々である。彼女の人生はこれからだなぁ——そう思った時、まもなく着陸する旨のアナウンスが流れた。久しぶりの九州は快晴のようだ。晴々した彼女の笑顔に会えるのが、やはり楽しみで仕方がない。

第 3 章　要約文を書こう

武田 丈太郎・高木　直之・森下　稔

1．第3章のナビゲーション・マップ

(1) 第3章の目的
　本章では、論文の導入・概要執筆の際に必要な、文章の要約のコツを学ぶ。他人の文章の内容をみずからの言葉でわかりやすくまとめる技術は、一般教養の科目はもちろん専門の科目でのレポート作成にも役立つだろう。

(2) 第3章のチャート（概要）
　　①要約とその必要性
　　②要約と引用
　　③データやグラフの引用
　　④基本要素を把握する
　　⑤要点を見つける
　　⑥要約のコツ
　　⑦要約の注意事項

(3) 第3章のポイント
　　①剽窃は立派な違法行為
　　②引用部は括弧に入れ、出典を示す
　　③データには出典を
　　④要約は原文に忠実に、要点を自分の言葉で
　　⑤要約には「段落方式」と「キーワード方式」がある
　　⑥非文・悪文に注意し、見直しをしっかりと

2. なぜ、要約が必要か？

(1) 要約とその必要性

　要約とは、文章の要点を短くまとめる作業である。また、短くまとめられた文章のことでもある。書き手が言いたいことを、自分の言葉で捉え直す作業と言ってもよいだろう。したがって、要約の対象となるのは、通常何らかの主張を含んだ文章である。一般的な論文は、導入（Introduction）・方法（Method）・結果（Results）・考察（Discussion）の4部から構成されることが多く、その最初に、全体を短くまとめた概要（Abstract）が掲載される。この中で要約の力がものを言うのは、なんといっても論文の導入である。なぜなら、自らの研究テーマに関し、誰がどの研究で何をどれだけ解明したかを簡潔にまとめる必要があるからだ。さらに、概要は、言ってみればみずからの論文の要約である。同じ分野の研究者がまず目を通して、論文の全体像をつかめるように書く必要がある。概要には多くの場合に字数制限があるため、論文執筆において最大の難所となることすらある。

　専門の科目はもちろん、一般教養の科目でも、レポートを課せられる授業があり、要約力は必要不可欠になる。このような科目の場合、課題として与えられた専門書や論文の内容をまとめ、これに対する自分の考えを述べるという形式のレポート提出を求められることが多い。

　大学初年次学生を対象とする本書では、いきなり専門の内容に踏み込んで、学術論文の要約や概要を書く練習はできない。そこで本章では、新聞の社説などの論説文を題材として、筆者の言いたいことを要約する練習を行う。

ただし、その前に要約と引用について触れておく（著作権の考え方、引用の方法、参考文献リストの書き方については、補章参照）。

(2) 要約と引用

　要約しようとして、原文からいくつかの部分をそのまま写し取って並べたらどうであろうか。そのような行為は、一般に直接引用と呼ばれ、「……」のように括弧でくくって引用の範囲を明確にし、出所を明示する必要がある。もし、他人の著作物の一部または全部をそのまま写し取り、あたかもみずからの主張・発見であるかのように使用した場合は、剽窃と呼ばれ、著作権を侵害する違法行為となる。たとえ授業のレポートであっても、その悪質性は許されるものではない。十分に注意しよう。

　上に述べたように、要約とは、文章の要点を自分の言葉で短くまとめることである。自分自身で書いた文章の概要を示す場合には、元の文章のテーマと結論（主張）が短い文章で表現されなければならない。また、他人が書いた文章の内容を要約する場合には、参照した論文・著書の内容をどのように理解したかが表現されなければならない。原文の趣旨に忠実に、かつ、あなたらしく表現するのである。他人の文章をそのまま写し取ったのでは、そのような表現とは言えない。直接引用は、原著者の表現に手を加えずに、その意図を正確に伝える必要がある場合、あるいは一般には定着していない新たな概念や定義を示す場合に限られると理解しておこう。

(3) データやグラフの引用

　体育・スポーツ系の場合、公的機関や研究者が計測・集計したデータや統計的な数値データを活用することがある。そのとき、元となるデータについてはそのまま用いられなければならい。たしかに、目的に応じて集計し直して加工することはある。しかし、その場合でも元データを改ざんしてはならない。

では、たとえば政府機関がインターネットを通じて発表している日本の人口動態の変化を示した表から、1960年の人口と2010年の人口の数値を読み取り、レポートに「日本の人口は1960年のＸ人から2010年のＹ人へと、ほぼＺ倍になった」と記述しても大丈夫だろうか？　このようなデータや統計値を扱う場合は、引用符に入れる必要はなくとも、出典を示すことが慣例となっている。出典を示す必要があるのは、読者が出典をみて、データ収集がどのように行われたか、自ら確認できるようにするためである。

　では、他の論文や専門書、ウェブページなどに掲載されたグラフを、出典を示しただけでコピーして出版しても許されるだろうか。これは通常認められない。見やすいグラフをつくるには手間がかかるし、そのもととなったデータの収集には、時に巨万の富さえかかっている。したがってこのような場合は、当然著作権者に了解をとる必要がある。

　教室でのパワーポイントによる発表やレポートに、表やグラフをそのままコピーして使う場合はどうであろうか。この場合、著作権法のガイドラインによって、教育目的使用は例外的に認められており、出典さえ明確にしておけば問題ない。しかし、出典を示さずに自分が作成したかのように見せかけることは、断じて許されるものではないことを肝に銘じておく必要がある。

(4) 基本要素を把握する

　要約とは、要点を自分の言葉で短くまとめることといえる。その要点を導くには、文章の基本要素を把握することが重要である。基本要素とは、その部分を削ってしまうと文章の内容が不十分となってしまう語句や単語である。その要素を把握する方法としては様々なやり方があるが、代表的な方法として英語でいう５Ｗ１Ｈ「いつ、どこで、だれが、なにを、なぜ、どのように」に当てはめて把握するやり方が挙げられる。

　では、下の文章例と回答例を読んでもらいたい。

【文章例】
阿部君の仕事はシステムエンジニアで、一日中ＰＣの前に座って仕事をこなしている。また、趣味がほとんどなく、休日は自宅で過ごすことが多い。そんな阿部君ではあるが、毎週金曜日に運動不足解消を兼ねておこなっているテニスが、唯一の趣味である。テニスは中学の部活動ではじめて大学まで続けてきた。現在は、自宅近くにテニスコートがないため、車で片道１時間をかけて、室内コートを完備する隣町のテニスクラブに通っている。

【回答例】
毎週金曜日、阿部君は運動不足解消のため、室内コートを完備するクラブでテニスをしている。

　阿部君の生活について書いている文章だということがわかるはずだが、回答例をみると、いつ＝毎週金曜日、どこで＝室内コート、だれが＝阿部君、なにを＝テニス、なぜ＝運動不足解消、どのように＝クラブ、というように５Ｗ１Ｈで構成されているのがわかるだろう。

(5) 要点をみつける

　要約の第一段階が、基本要素の把握ということだとすると、第二段階は文章の要点、つまり文章の要となる必要不可欠な点をみつけることである。そこで、要点の見つけ方を考えてみたい。
　では、下の文章例と要約例を読んでもらいたい。

【文章例】
日本オリンピック委員会は、国際競技力向上施策として様々な事業を展開している。特に、オリンピックをはじめとする国際競技大会で活躍できる選手を育成するために、中学生と高校生を対象として、日本レスリング協会等の中央競技団体の一貫指導システムと連携をとりながら、トップアスリートとして必要な「競技力」「知的能力」「生活力」の向上を目的とした「JOCエリートアカデミー」を実施している。

【要約例①】
国際競技大会で活躍できる選手の育成事業が、国際競技力向上施策の一つとして、中央競技団体の一貫指導システムと連携しながら実施されている。

【要約例②】
日本オリンピック委員会は、事業の一つとして中央競技団体と連携をとりながら、国際競技大会で活躍できる選手を育成している。

【要約例③】
日本オリンピック委員会は、中央競技団体に指示しながら、国際競技大会で活躍できる選手の育成事業を国際競技力向上施策の一つとして実施している。

【要約例④】
日本オリンピック委員会は、国際競技大会で活躍できる選手を育成するために、日本レスリング協会等の一貫指導システムと連携をとりながら、「JOCエリートアカデミー」を展開している。

あなたは、要約例①〜④のうち、どれが文章例の要点をもっともよく表していると判断するだろうか？

まず、誰が主語なのかを把握し、次に、どこが重要な箇所、つまり要点なのかを判断していく必要がある。それらを掴んだうえで、重要な部

分を残しつつ、枝葉となる部分をそぎ落とすことになる。

　この文章の主語は、日本オリンピック委員会である。また、文章は２つの文で構成されており、はじめの文が全体的な説明をして、次の文で具体的な内容を述べている。はじめの文の要点は、次の文の冒頭で「特に」という言葉を用いて具体的な説明をしていることから、「様々な事業を展開」という箇所だと判断できる。次の文の要点は、「国際競技大会で活躍できる選手を育成」と「中央競技団体の一貫指導システムと連携」である。前者は、「〜するために」と理由を述べているので、大切な箇所だと理解できる。後者は、その部分がなくても文としては成り立つが、日本オリンピック委員会のみで実施しているものではないと判断できることから重要だと認識できるのではないだろうか。「中学生と高校生を対象」という箇所は、その前で「育成」という単語が使われていることから、青少年を対象としていることが予想でき、要点としなくて良いと判断できる。また、「競技力」「知的能力」「生活力」は、アスリートとしての必要な能力を示しているが、省略しても内容を把握できるので要点でない。さらに、「日本レスリング協会」といった固有名詞は、「中央競技団体」の中に含まれることがわかるので、使用しなくて良い。なお、「JOCエリートアカデミー」という略称を含む専門用語が使われているが、要約の場合には注意が必要である。専門用語を使用する場合、一般読者を想定した説明が必要になり、要約に含めると長くなってしまう。したがって、専門用語は、要約に含めないほうが無難だろう。

　これらのことを踏まえ、順番に要約例を見比べてみよう。①は、「育成事業が、〜〜」という主語があり、要点も含まれているので、適切な要約と判断するかもしれない。しかし、事業を展開している主体である「日本オリンピック委員会」を省略してしまうのは、要約として不適切である。原文で把握できていたので、使用するほうが良い。②は、全ての要点を含んだ一文になっており、要約として適切である。③も、全ての要点を含んだ一文となっている。しかし、原文では使われていない「指

示」という言葉を用いている。「連携」と「指示」では、意味が異なるので、要約としては不適切になってしまう。④は、要点を含んでいるが、「日本レスリング協会等」という語句は使用せずに、「中央競技団体」と使用したほうが無難である。また、「JOCエリートアカデミー」という専門用語を使用すると、内容を説明しなければならないので、要約としては不適切である。

　一見するとどれも問題の内容に感じるが、文章例を各々確認していくと、②以外は不適切な箇所が存在することがわかるだろう。

(6) 要約のコツ

①要約はノートをとるつもりで

　要約とは、筆者の「言いたいこと」を、あくまでも「自分の言葉で」まとめる行為で、授業中に「ノートをとる」ことに似ている。このとき、教員の発言を一字一句たがえずに記録しようと思う学生は皆無だろう。あとで自分がノートを読み返し、授業で大切なことを復習することが目的であるから、くだらない冗談や雑談、大切ではないと判断したことはノートにとらない。文章の要約にもこれと同じことが言える。

　老婆心ながら付け加えれば、最近はノートをとらない、いや、ひょっとするとノートを「とれない」学生が増えている。色とりどりのチョークを駆使して、芸術的な板書を展開する先生や、用意周到なプリントを配布する先生など、大学入学以前の教育機関での面倒見がよくなったせいか、授業を開始しても筆記用具すら出さない学生に遭遇する。私が中学生のときの世界史の先生は、たまに教科書のページ数を指定して各自でまとめなさいという授業をすることがあった。生徒のほうは、教科書の太字になっている箇所等を参考に試行錯誤しながらまとめたが、今思うと、これが要約のよい練習になった。

②要約文の2つのアプローチ

　要約の際には、「言いたいこと」を「自分の言葉で」まとめるわけだから、当然、直接引用はしない。原文の論旨をつかんだら、与えられた字数と相談しながら、贅肉をそぎ落としていく作業が必要になるわけだが、この際には2つのアプローチが考えられる。

　原文の論旨の展開が、段落を追って整然と進んでいく場合には、各段落の内容をまとめてつなぎ合わせる「段落方式」が有効である。それぞれの段落の内容を、与えられた字数と相談しながらまとめてつなぎ合わせるわけである。すべての段落に義理を立ててまとめると、どうしても字数をオーバーすることになるので、必要に応じて複数の段落の内容をひとまとめにしたり、論旨の展開との関連が低い段落（たとえば枕話的なもの）を無視したりといった工夫が必要になる。この点で、段落方式は、どちらかと言えば「引き算」に似たアプローチと言えよう。

　一方、いわゆる「起承転結」型や「序論本論結論」型の構成を持たない文章を要約する場合には、原文からキーワードや主張となる文章を拾い出し、これをもとに内容をまとめる「キーワード方式」を使うとよい。筆者の「言いたいこと」の中核をなす「キーワード」もしくは鍵となる文を拾い出し、それに肉付けをしていく方法は、「足し算」に近いアプローチである。

　いずれにしろ要約の目的は、決められた字数で原文の内容をできるだけ正確に伝えることである。どちらのアプローチで臨んでも、この目的が達成されていれば、よい要約、そうでなければ悪い要約ということになる。

③尻切れトンボに要注意

　要約の際に最も犯しやすい過ちは、原文の主張の枝葉の部分に字数を使いすぎ、肝心の一番「言いたいこと」にまで手が回らなくなることである。「尻切れトンボ」にならないためには、要約に盛り込むべき内容

をまずしっかりと吟味してから、書き始めることが大切である。

④自分の言葉と自分の考えは違う

　自分の言葉でまとめることに集中するあまり、勢いあまって要約に自分の考えを盛り込み、はなはだしい場合には、原文の内容とまったく反対の自説を展開するような要約にお目にかかるが、これでは要約にならない。要約があくまでも原文の内容をまとめる行為であることを、忘れてはならない。

⑤見直しを忘れずに

　どんな名文家でも、みずからがつづった文章を必ず見直す。第1章で扱った非文・悪文にも注意しながら、要約が完成したら必ず見直す習慣をつけたい。「文は人なり」と言うが、ひとたび社会に出れば、会議の議事録や、商談のまとめなど、人様の目に触れる文章を書く機会が増える。この際、社会人として恥ずかしくない文章をつづれるようにするためにも、自分が書いたものを納得がいくまで見直して手を加える習慣を、ぜひ身につけてもらいたい。

(7) 要約文作成・改善のポイント（まとめ）

　練習問題に入る前に、要約文作成のポイントを以下にまとめておく。

①要点のまとめ方についてのポイント
　　□タイトルを参考にすることによって、主張は何かを予測する
　　□全体の構成を確認し、バランスよくまとめる
　　□段落方式かキーワード方式かを考える。さらに、起承転結型か序論本論結論型か、あるいはその他の型か？
　　□たとえや例示等に惑わされ、「尻切れトンボ」で終わらない
　　□自分の言葉でまとめる。ただし、アレンジしすぎない。あくまで

　　　　も原文の内容に忠実に
　　□必ず見直しをする

②表現についてのポイント
　　□極力直接引用は避ける。どうしても直接引用する必要がある場合は、「　」でくくり、一字一句間違えずに書く
　　□非文・悪文はないか（特に、口語表現、主述の呼応、誤字・脱字等）。全体として読みやすいか
　　□接続詞を効果的に利用する
　　□指示語を多用せず、指示語が指し示す対象が明白かどうか、常にチェックする

3．練習問題

(1) 要約の課題文
　以下に毎日新聞2015年5月17日付の社説を掲載する。「段落方式」「キーワード方式」のどちらのアプローチが適当か考えながら、解説と模範解答に目を通す前に、200字以内で要約してみよう。なお、その際には要約文全体をひとつの段落と考え、字下げはしないこと。このことは、しばしば論文の概要にも該当することである。

【問題】「スポーツ庁　五輪後見据えた施策を」
　スポーツに関する施策を総合的に推進するスポーツ庁が今年10月、発足することになった。
　東京オリンピック・パラリンピックの開催を5年後に控え、メダル獲得を目指す各競技団体は国による財政支援の拡充に期待を寄せる。
　一方、2011年に制定されたスポーツ基本法はスポーツを通じて国民

が生涯にわたり心身ともに健康で文化的な生活を営むことができる社会の実現を目指すとうたっている。その理念を踏まえれば、誰もが楽しめるスポーツ環境の整備も重要で、トップスポーツを強化するためだけの組織にしてはならない。

　スポーツ行政の一元化については1987年の臨時教育審議会答申が「スポーツ省の設置」の必要性に言及していた。行財政改革の流れの中で停滞していたが、2年前に東京五輪の招致が成功したことなどによって設置への動きが加速した。

　文部科学省の外局となる新組織は文科省のスポーツ・青少年局を母体とし、これまでスポーツ行政を別個に担ってきた国土交通、外務、経済産業、厚生労働、農林水産など各省の職員を加え、5課約120人体制でスタートする。

　だが、既得権益を守りたい各省の抵抗もあって権限と財源の一元化はできず、スポーツ庁は、司令塔的な組織として関係各省と連携して総合的な施策の立案や調整を進めることになった。縦割り行政を実質的に解消できるか懸念は残る。

　日本のスポーツ界はいくつもの宿題を抱えている。

　そのひとつは競技団体のガバナンス（組織統治）の確立だ。日本オリンピック委員会（JOC）加盟の競技団体の多くは会計や法律などの専門家がいない。組織としての基盤が弱いことが国からの補助金の不適切処理などにつながっている。

　メダル獲得目標の達成に向け、競技団体には今後、多額の強化費が配分されるだけに、経理や法務など事務局業務を支援する態勢を構築することが急務だ。

　スポーツ庁には、長年教育政策に位置付けられてきた学校体育と運動部活動が移管される。

　大阪・桜宮高のバスケットボール部員が自殺した後も暴力的指導は根絶されていない。競技経験や医科学的知識がないまま部活の顧問を任さ

れている教員が少なくないことが一因とされる。指導者の資質向上を目指し、大学の教員養成課程のカリキュラムに部活指導を組み込むことを検討しなければならない。

　20年東京五輪はゴールではない。競技力の向上を図りつつ、五輪後を見据え、日本スポーツ界の土台を固めることが重要だ。

(2)　解説と解答例
　①【問題】の解説とキーワード
　【問題】は、社説というスタイルもあって、各段落が短く、段落ごとの内容をつなぎ合わせてだけでは、明らかに字数が足りなくなる。そこで「キーワード方式」をとるほうが賢明だろう。
　社説のタイトル「スポーツ庁　五輪後見据えた施策を」が、主張の中心になることは疑いない。以下に本文からキーワードや鍵となる文を引用してみよう。

- ■スポーツ庁が今年10月、発足
- ■各競技団体は国による財政支援の拡充に期待
- ■誰もが楽しめるスポーツ環境の整備も重要
- ■トップスポーツを強化するためだけの組織にしてはならない
- ■2年前に東京五輪の招致が成功したことなどによって設置への動きが加速
- ■文部科学省の外局となる新組織は文科省のスポーツ・青少年局を母体
- ■既得権益を守りたい各省の抵抗もあって権限と財源の一元化はできず
- ■司令塔的な組織として関係各省と連携して総合的な施策の立案や調整
- ■日本のスポーツ界はいくつもの宿題を抱えている。

■そのひとつは競技団体のガバナンス（組織統治）の確立
■教育政策に位置付けられてきた学校体育と運動部活動が移管
■暴力的指導は根絶されていない
■20年東京五輪はゴールではない
■日本スポーツ界の土台を固めることが重要

②【模範解答】

> 2020年の東京での五輪開催が契機となり、今年10月に文部科学省の外局としてスポーツ庁が発足する。新組織には、関係各省との連携や調整を行う司令塔的な役割が求められる。競技団体も競技力向上に対する財政支援を期待する。しかし、五輪後のスポーツ界のためには、競技力向上だけでなく、競技団体のガバナンスという日本のスポーツ界の根本的な課題や暴力的指導が問題になった運動部活動の環境改善にも、取り組んでいく必要がある。

　これでちょうど200文字である。スポーツ庁の設立した経緯、求められる役割、期待されること、今後の取り組みといった鍵となる内容を簡潔に盛り込んでいる。200字にまとめるには一工夫必要で、あえてこだわる必要はないが、「キーワード方式」の有効性は、十分に理解してもらえると思う。

　200字程度の要約では、原文で論拠を示すために使われているデータや具体的な事柄に字数を割いている余裕がないことにも注意してもらいたい。数字にこだわると、「尻切れトンボ」の要約になってしまう。

③【不十分な解答例】

【解答例1】
東京五輪・パラリンピックの開催を5年後に控え、メダル獲得を目指す各競技団体は国による財政支援の拡充に期待を寄せる。87年より停滞していたスポーツ行政の一元化は、東京五輪の開催決定により設置へ動き出した。日本のスポーツ界の、補助金の不適切な処理などは、組織としての基盤が弱いだけでなく他の要因も関係していると思う。競技団体には多額の強化費が配分されるので、事務局業務を支援する体制づくりが必要です。

解　説

「東京五輪・パラリンピックの開催を5年後に控え、メダル獲得を目指す各競技団体は国による財政支援の拡充に期待を寄せる。」

　本文での主体は「スポーツ庁」であるので、始めの一文に入れたほうが良い。重要なところでも、この文のように一文そのまま抜き出すことはせず、短く書き改める

「87年より停滞していたスポーツ行政の一元化は、東京五輪の開催決定により設置へ動き出した。」

　特に重要ではない箇所と考えられるため、適切ではない。

「日本のスポーツ界の、補助金の不適切な処理などは、組織としての基盤が弱いだけでなく他の要因も関係していると思う。」

　要約には、感想や解釈を含めるのは不適切である。また、本文に書かれている以上のことを加筆しない

「競技団体には多額の強化費が配分されるので、事務局業務を支援する体制づくりが必要です。」

　「である調」で統一して書く。誤字脱字に注意して、本文で使われている言葉や漢字を使用する。また、途中の文で終了すると、要約の主旨が本文と変わってしまうことがあるため、基本的には最後の一文の一部

を抜き出して終わる。

【解答例2】
東京オリンピック・パラリンピック開催を5年後に控え、スポーツ庁が発足した。スポーツ行政の一元化については1980年代の答申がスポーツ省設置の必要性を減給していた。新組織は、5課約120人態勢でスタートする。日本のスポーツ界はいくつもの宿題を抱えている。大阪・桜宮高のバスケ部員が自殺した後も暴力的指導は根絶されていない。競技力の向上を図りつつ、五輪後を見据え土台を固めることが重要だ。

解　説
　良い点は、タイトルから「スポーツ庁」というキーワードを特定している。ただし、悪い点として、ほぼ原文を引用しているため自分の言葉でまとめていないこと、適当に語句や文章を切り貼りしているために重要な部分が捉えきれておらず、子細な内容で全体の構造が見えにくいことが挙げられる。また、誤字がある点も（「減給」ではなく「言及」）修正すべき点である。

【解答例3】
スポーツに関する施策を総合的に推進するスポーツ庁が今年10月、発足した。スポーツ庁は、司令塔的な組織として関係各省と連携して総合的な施策の立案や調整を進めることになった。縦割り行政を解消できるか。スポーツ庁には、長年教育政策に位置付けられてきた学校体育と運動部活動が移管される。20年東京五輪はゴールではない。競技力の向上を図りつつ、五輪後を見据え、日本スポーツ界の土台を固めることが重要だ。

解　説

　良い点は、タイトルから「スポーツ庁」というキーワードを特定し、スポーツ庁が主語になっている箇所の前後を取り上げている。ただ、不十分な点として、自分の言葉でまとめておらず原文をほぼそのまま引用していること、連接表現を用いていないために文の繋がりがわかりにくいことが挙げられる。

４．提出課題

　教員の指示にしたがい、巻末の課題ワークシートを完成させなさい。

５．第３章のポイントの復習

　①剽窃は立派な違法行為
　②引用部は括弧に入れ、出典を示す
　③データには出典を
　④要約は原文に忠実に、要点を自分の言葉で
　⑤要約には「段落方式」と「キーワード方式」がある
　⑥非文・悪文に注意し、見直しをしっかりと

第4章　手順の説明文を書こう

中島　郁子・吉田　重和

1. 第4章のナビゲーション・マップ

(1) 第4章の目的
　第4章では、手順を説明する文章について学ぶ。ものごとを順序立てて論理的に説明することができるようになるために、いくつかの例を参考にしながら、あなたも実際に手順の説明文を作成してみよう。

(2) 第4章のチャート（概要）
　①手順を説明するとは？
　②手順の説明文のいろいろ
　③手順の説明文の特徴
　④手順の説明文を作成する際の注意点

(3) 第4章のポイント
　①説明しようとしている事柄の全体像をまず把握する
　②説明する事柄を、適切な分量でいくつかの部分に分ける
　③まず全体像を提示した上で、各部分をわかりやすく順番に配列する
　④説明を進める際、読み手が内容を追えるかどうかを十分に考慮する

2．手順を説明する文章

(1) 手順を説明するとは？

　手順を説明するとは、どういうことだろうか。また手順の説明文は、どのような場面で必要なのだろうか。

　一般に手順とは、ものごとをする際の順序をいう。すなわち、手順を説明するとは、ものごとの順序を説明するという意味である。こう考えると、道順の説明や料理の作り方、さらには実験器具やトレーニング機器の操作方法など、他者に手順を説明する機会はあなたの身の回りにたくさんあることがわかる。

　これらの説明において、その順序が適切でなかったらどうなるだろうか。説明を受けた人はおそらく、目的地にたどり着けず、調理を失敗し、実験器具やトレーニング機器を誤作動させてしまうだろう。つまり、ある情報やメッセージを伝えるときには、はじめから終わりまで順序立てて説明をしないと、受け手はその情報やメッセージを正しく受け止めることができないのである。このことから、手順を追って説明することがきわめて重要であることがわかる。

　次に、手順の説明文が必要とされる場面を、もう少し細かく考えてみよう。上述のようにいくつか場面が考えられるが、本書では各章において論文の構成が念頭に置かれているため、ここでも論文を例にとってみたい。

　論文では、論証の過程が複雑であったり、抽象的な議論をすることが多いため、節ごと・章ごとの配列が論理的かつ明確でないと、読み手は内容を理解しにくくなってしまう。つまり、その論文がどのような内容であり、またどのような構成に従って組み立てられているのかを説明するには、まず、文章全体の構成をわかりやすく配列する必要があるということになる。

また、論文は一般的に、導入・方法・結果・考察という構成になっているが、特に体育系の場合では、その方法を示す際に、調査対象、研究方法、装置の動かし方や機能といった事柄の説明をすることが多くなる。「まず、…を設置し、次に…を動かし、最後に…」などといった説明や、「この実験では、最初に…が起こり、その後…」などの説明がそれにあたる。これらの説明は形式的に必要とされるものではあるが、その手順が間違っていた場合は、論文全体の質が問われることもあり得るため、注意して書くことが必要である。

これらのことから、あなたも、手順を説明することの重要性や、手順を説明する文章を書く力の必要性がわかるだろう。

(2) 手順の説明文のいろいろ

では、手順の説明文には一般にどのようなものがあるだろうか。典型的なものを見てみよう。

① 道順の説明

デンカビッグスワンスタジアムへの行き方

スタジアムの所在地は新潟市中央区清五郎67番地12で、鳥屋野潟の南側にあります。

大学から新新バイパスを通る行き方を説明します。まず豊栄方面から西へ向かい「紫竹山インター」を新潟駅方面へ降り、一つ目の信号を左折します。いくつものレストランが道沿いに連なる直線の道路をおよそ1キロ弱走ると、右手に回転すし店が見えますので、その先の弁天線と交わる交差点を左折します。その後、右手方向に広がる鳥屋野潟を通り過ぎるように2キロほど弁天線を南へ

進み、角にたわら屋のある交差点を右折します。その県道を道なりにそのまま西へ1キロほど走り、左手にコンビニエンスストアのある「ビッグスワン前」の交差点を右折すると、すぐ右手がデンカビッグスワンスタジアムです。案内の看板に従って駐車場へ入ってください。

　紫竹山インターからの所要時間はおよそ10分です。

　このような道順の説明は、手順の説明文の典型であり、物事を順序立てて説明する練習を行うときに、特に参考になるものである。

　道順を説明する際には、目的地までの途上にある目印を、その道を辿っていく人の立場に立って記していくのが原則であるが、まず、そもそも目的地がどこにあるのかを示すことが重要である。いきなり細かい目印の説明になってしまうと、読み手は道順の行程をうまくイメージできない。また、道を辿っていく人は、自分が本当に正しい道を選んで進んでいるのかどうか不安に思ってしまうものである。したがって、読み手の心理を踏まえた適度な情報量を示すことが必要である。上の例はこうしたポイントを適切に押さえていると言えよう。

② 料理の作り方（レシピ）

はちみつレモンの作り方
特に夏の合宿や試合の場面では大量に汗をかき、短時間しかない休憩時間で水分と栄養分を補給しながら、限界に挑戦しているスポーツ選手たち。そんなスポーツ現場で短時間且つ美味しく摂取するのには最適なはちみつレモンをつくるためには、道具の準備や多少の手間が必要です。

1．必要な道具と材料（タッパー、包丁、まな板、フォーク、レモン、はちみつなど）をそろえてください。

2．レモンをしっかりと水洗いします。
3．レモンを薄く輪切りにしていきます。このとき、厚さが2〜3mmになるように、できるだけ均等に切ります。
4．両端のへたの部分と、種はフォークを使用して取り除きます。
5．タッパーの中に、均等に広げながら敷き詰めます。
6．はちみつを、レモンが隠れるまでかけます。
7．6時間〜半日ほど、冷蔵庫でねかせたら出来上がりです。食べる時間を逆算してつくってください。

レモンは、そのまま皮ごと食べることができます。
残った水分は、そのままでも、スポーツドリンクで割っても、美味しく飲めます。必要な糖分やビタミンを補給でき、疲労回復にも効果があります。

　料理の作り方（レシピ）も、手順の説明文の典型的なものである。やはりこの場合も、はじめに読み手に大枠のイメージを与えることが望ましい。またこの例文では、説明量が多くなることから、1〜7まで番号を振って小分けにして説明している。このような場合、小分けの説明に複数の指示や流れを盛り込んでしまうと、かえってわかりにくくなってしまう。例文のように、適度な量で説明をまとめるよう注意してほしい。

　手順の説明文としてはほかに、ゲームのルールや機械の操作方法などがある。

(3) 手順の説明文を書くときに (1) ——全体像を示そう

　手順の説明文では、これからあなたが説明する事柄は何なのか、最もポイントとなる箇所をまず示すことが必要である。前述の例文に即して言えば、目的地はどこにあるのか、どのような作業が必要なのかを、は

じめに示すことである。論文に当てはめて言えば、その論文で明らかにする事柄や内容ははじめに示す必要がある、ということになるだろう。

　もっとも、手順の説明文の種類によっては、その部分がない場合もある。たとえばプロテインのつくり方（通常、容器側面などに書いてあるもの）の場合、プロテインとは何かとか、そのプロテインの種類は何かとかいったことは示さず、つくり方だけが述べられる。こうした場合、誰もが知っていると思われることは示さない。また、はじめに示されるべき大枠のイメージを説明文以外の部分（たとえば前面に描かれている引き締まった身体のアスリートの写真）が担っている場合も手順説明文には盛り込まれない。

　いずれにせよ、手順の説明文は、読み手の持っている情報の度合いを前提として書かれる。論文を書くときは、その論文の全体を読み手はまだ知らないものと想定されるので、はじめにイメージが与えられる。そして、読み手の理解に合わせて内容が区分され、順を追って配列されることになる。

(4) 手順の説明文を書くときに（2）──読み手の気持ちを考えよう

　前項では、手順の説明文を実際に書くときに、全体像を示すことが重要であることを確認した。ここでは、全体像を示した後に、どのようなことに気をつけたらよいかを確認しておこう。

　　・読み手が必要とする情報を整理して適切な分量で選び出すこと
　　・読み手の思考・行動をあらかじめ想定しておくこと

　書き手は、自分が説明する事柄の内容をよく知っているはずである。たとえば、ある器具の取扱説明書を書くとき、その器具の使い方を熟知していなければ説明書を書くことはできないだろう。だが、読み手はそれについて知っているとは限らない。いや、たいていの場合は知らないことのほうが多い。そうなると、ここでその事柄に対する知識の差が発

生することになる。手順を説明する際には、読み手が順を追って少しずつ理解できるよう、情報の取捨選択を意識するべきである。

　また、特に機械の操作方法や実験の手順などでは、その説明を読んだ人が実際に操作や実験を行ってみることが想定される。このような場合、起こりやすい事柄や間違いやすい事柄の説明を加えておくと親切である。

　ここで上記とは反対に、私たちが手順の説明文を作成するときに陥りがちな悪いパターンも挙げておこう。

　　×説明しようとしている情報を、読み手も共有していると勝手に判断し、必要なことを書かない。
　　×読み手がわからないような専門用語を、説明なしで使う。

　手順を説明する文では、読み手の知識に合わせて言葉を選び、場合によっては適度な説明を加えることが必要である。不必要な細かい説明を入れたり、読み手の思考に飛躍を強いたりすることは、手順の説明文では避けよう。

　また、読み手の持つ知識量だけではなく、読み手の状況も念頭に置かなければならない。その情報を、誰がどのように必要としているのかを想定し、どのような順序で説明したらよいかを考えることが肝心である。

　以上のことから、手順説明の文章を書くときには、「読み手の気持ちを考える」ことが重要になってくることがわかるだろう。

3．練習問題

【練習問題】
　エアロバイクを使用してトレーニングを行います。自分の競技や生活環境に沿ったトレーニング計画を立て、使い方をわかりやすく説明せよ。

エアロバイクの使い方
- トレーニング機器の利用目的をはっきり決める。
    (例) 陸上競技長距離選手の冬季トレーニングで、持久力向上のためにバイクトレーニングを行う。
- 操作方法
    準備
    1．主電源を入れる。
    2．電子パネルの電源を入れる。
    3．心拍を測定するためのイヤーセンサーを耳に装着する。
        ＊自分に合った負荷 (ペダルの重さや漕ぐ速さ) がわかるようになるまでは、心拍数を手がかりにトレーニングメニューを作成することが望ましい。
    運動開始 (トレーニングは一例)
    4．ウォーミングアップを行う。
    (例) 体温上昇や心肺機能の準備のために、ウォーミングアップで重すぎず軽すぎない程度の強度・速すぎず遅すぎない負荷で10分程度バイクを漕いで身体をならす。
    5．心拍数からトレーニング負荷を決定する。
    (例) 心拍数が140〜160回／分程度になるような負荷でバイクを漕ぐ。
        ＊推定最大心拍数は220－年齢になるため、おおよその大学生は140〜160回／分が最大心拍数の70〜80％に値する。70〜80％の負荷が、持久力向上に有効であるとされている。
    6．トレーニング時間を決定する。
    (例) 40分間、同じ負荷でバイクを漕ぎ続ける。
        ＊心拍数が上がりすぎるなど、変化があれば負荷を調節する。
    終了
    7．予定時間を終了後、軽い重さで10分程度のクーリングダウンを行う。
    8．電源を落とす。
        ＊汗など、水分で汚れた場合は拭き取る。

解答のポイント
① 全体の構成に注意
全体を、使用前の準備、使用（運動開始）、終了の３段階の流れに分け、さらに番号順に小分けして説明している。
② 大事な点を、簡潔に
　作業・手順は短く説明する。適切な分量にする。
③ わかりやすく
相手が初心者であることを念頭に置く。時間や強度など、イメージしやすいキーワードを必要に応じて加える。さらに、起こりうる状況に注意を促しながら、アドバイス等を含むとよい。
④ 適切な日本語表現で
非文・悪文・話し言葉が入っていないか確認する。

4．提出課題

　教員の指示にしたがい、巻末の課題ワークシートを完成させなさい。

5．第４章のポイントの復習

① 説明しようとしている事柄の全体像をまず把握する。
② 説明する事柄を、適切な分量でいくつかの部分に分ける。
③ まず全体像を提示した上で、各部分をわかりやすく順番に配列する。
④ 説明を進める際、読み手が内容を追えるかどうかを十分に考慮する。

コラム：「とびきり居心地の良い場」としてのスポーツを求めて

佐藤　裕紀

　「まるでお祭りみたいだ。」顔を伝う汗をぬぐいながら、私は自然と笑顔になっていた。既に10キロ以上走ったはずだが、気持ちは不思議と軽やかだ。私は今、人生で初めてのハーフマラソンに挑戦している。交通整備で車が一台もない繁華街を抜け、街の象徴として市民から愛されている川に沿い、老若男女の大勢のランナー（その一部は動物やキャラクターの仮装をしている）と走っているところだ。

　道の両側からの様々な声援が力を与えてくれる。前方の歩道橋には、垂れ下がる横断幕と、見下ろし手を振る人々が見える。右手には、小学生による太鼓の演奏、中学生の応援、高校生のチアリーディング、そして子育て中のママさんサークルと思しきフラダンス。

　左に目を向ければ、「ヤングマン」の曲を流しながら「ガッツ」と連呼する若い男性や、馬の着ぐるみを着て旗を振る方もいる。どこかで見たことのある某女性アイドルグループのメンバーや、有名な元マラソン選手も、周囲にハイタッチしながら一緒に走っている。

　断っておくが、私はマラソン愛好家ではなかった。むしろ、1年前まで約10年もの間、スポーツから遠ざかっていた。そんな私が、ふとしたきっかけで、地域で平日の夜に活動していたランニングサークルへ参加した。その動機は、「健康のために運動を始めよう」というよりも「自分の暮らす地域に新たな友人や仲間をつくりたい」というものであった。

社会学者のレイ・オルデンバーグは、都市で生活する人々には、第一の場としての「家庭」、第二の場としての「職場」、そして第三の場として、「人々がいつでも誰でも自由に出入りでき、おもしろく陽気に会話を楽しめる、堅苦しくなく居心地のよい社交の場」があることが大切であると述べている。それは例えば、カフェ、喫茶店、ビアガーデン、書店、コミュニティセンターや、ボランティア団体の活動や趣味のサークル活動が行われる場、そしてスポーツクラブも入るだろう。

　昨年から、それまで縁のなかった街で新たに仕事を始める中で、気づけば生活が家庭と職場の往復になってしまっていた。そのような中で、どうしても自分の視野や人間関係が固定化してきてしまっているのを感じていた。私はまさに、家庭、職場以外の居心地の良い「第三の場」を求めていたのである。

　平日の夜に一緒に走るランニングサークルに参加する中で、普段はなかなか接点がない様々な年齢や仕事、背景を持った人々と知り合い、談笑し、一緒に汗をかいた。走るだけではなく、呑み会やメンバーの趣味にも付き合った。その中で、自分の知らなかった、地域や異業種の面白い話を聞いたり、情報交換をしたり、視野を広げることができた。

　また、家庭には家庭での役割、職場には職場での役割、重んじられる価値体系がある。第三の場としてのランニングサークルでは、それらから解放された自分を感じることができた。そして、解放されることで、自分を取り巻く日々の出来事を客観的にとらえることができた。実際のところ、ランニング自体は一人でもできる。それでも多くの人がサークルに参加している。話を聞いていると、ランニングは、多様な人々が集まり交流する居心地の良い「第三の場」

のための媒介として機能していることがわかった。

　多様な人々が気軽に参加でき、交流を楽しむことができる「とびきり居心地の良い場」としてスポーツを捉えると、目指されるべきスポーツの形は、一部の才能や能力に恵まれたプロフェッショナルを選抜し、競技力を高めることのみを強く志向する形とは異なるものとなるだろう。実際に、近年では、スポーツが得意な人でもそうでない人でも楽しめる"緩いスポーツ"を提案し広める動きや、それまではスポーツから距離のあった中高年をターゲットにしたスポーツ関連商品の開発の動向もあるという。また統計上、1998年から2014年までの間に40代、50代のランニング人口は2倍以上に増加しており、彼らは、体力づくり以外にも、他者とのコミュニケーション、第三の場を求めているという側面もあるようだ。

　社会の中に、スポーツを通した「とびきり居心地の良い場」をつくっていくことが求められていると言えるだろう。

　「あと少し！」と、沿道から聞きなれたランニング仲間の声援が耳に入ってきた。さあ、スパートである。

第5章　データの説明文を書こう

遠山　孝司

1．第5章のナビゲーションマップ

(1) 第5章の目的
　第5章では、測定、実験、調査などを通じて得られたデータを使って人に何か説明したいことがあるときに、どんな風にデータを集め、集めたデータを表やグラフでまとめ、そこからどのように文章で説明するのかを学ぶ。

(2) 第5章のチャート（概要）
　①なぜデータが必要なのか
　②どんなデータを集めればいいのか
　③集めたデータはどんな風にまとめればいいのか（表やグラフの書き方）
　④データや表、グラフから読み取れることをどんな風に文章にするのか

(3) 第5章のポイント
　①データによって、説得力を増す
　②言いたいことにあったデータの集め方を考えよう
　③データから言えることや言いたいことが伝わりやすい表やグラフを使おう
　④データの集め方やまとめ方、データをまとめた表、グラフから言えることとそこから考えられることを明確に分けて考えよう

2．なぜデータが必要なのか

以下の下線を引いた内容を主張する文章の組み合わせについて、読者であるあなたは(a)と(b)のどちらに説得力を感じるだろうか？

(a) <u>私も昔は足が速かったんですよ</u>。100メートル走が得意でした。
(b) <u>私も昔は足が速かったんですよ</u>。100メートル走が得意で10秒08の記録を出したことがあります。

(a) 体験者の中には「<u>このトレーニング方法は有効だ</u>」と述べている人もいます。
(b) 82人に体験してもらったところ、75人が「<u>このトレーニング方法は有効だ</u>」と述べています。

ほとんどの人が全て(b)の文章に説得力があると感じるだろう。これは、根拠となるデータが示されることで、文章に書かれた内容の説得力が増すためである。このように主張の根拠が示されると、主張している内容が文章を書いた人間の主観的な判断、主張というだけでないことがわかる。

このような文章に説得力に持たせる根拠として、スポーツの世界でも他の世界と同様に数値を用いることが多い。読者の中にも、この先大学で勉強を続け、卒業研究をする、または卒業論文を書く際に、データを集めて数値を示し、自分が主張したいことを文章にする人が出てくるだろう。

ここでは、データを集めて数字を使って根拠と説得力のある主張をす

るときに、どのような考え方をし、どのようなデータを集めるか、集めたデータをどのような形で表やグラフにまとめ、集めたデータについてどのような説明文を書くか、卒業研究、卒業論文を書くことを想定し、基本的な考え方を学んでいきたい。

3．どのようなデータを集めればいいのか

　先ほど、根拠となるデータが示されることで、文章に書かれた内容の説得力が増すという話があったが、何か主張したいことがあるとき、その主張に説得力を持たせるためにデータを集め、示したほうがよい。では、どのようなデータを集めればよいのか。言い換えると、説得力を増すデータはどのようなものだろうか。

　説得力を増す「よいデータ」の集め方には4つの条件があると言われている。ここで一つ一つの条件について見ていこう。

(1) 知りたい内容を測定する
　よいデータの集め方の最初の条件は「知りたい内容を測定しているか」である。以下の2つの体力測定の例について「知りたい内容を測定しているか」考えて欲しい。

　(a) 筋力を知りたいので20メートルシャトルランを測定する。
　(b) 筋力と筋持久力を知りたいので長座体前屈の測定をする。

　これらの例は知りたい内容を測定しているとは言えない。なぜなら、体力テストで把握できる体力は一般的に**表1**に示すような種目で測定されるからである。

　先ほどの (a) ～ (b) の例のようにわかりやすいものであれば、データ

表1　小中学校の体力テストで把握できる体力と対応する種目

体力	種目
筋力	握力
全身持久力	20メートルシャトルラン
筋力と筋持久力	上体起こし
柔軟性	長座体前屈
敏捷性	反復横跳び
走能力（スピード）	50メートル走
投能力（巧緻性・筋パワー）	ソフトボール／ハンドボール投げ
跳能力（筋パワー）	立ち幅跳び

の取り方を誤ることはない。また誤っていれば、すぐにわかる。だが、「バレーボール、サッカー、バスケットボール、野球などの特定の球技において、よい選手かどうかを評価したい。」のような抽象的な評価については、どんなデータを取ればいいのかの判断が難しくなる。

　このようなケースでは、どのようなデータを取ればいいのかについての簡単な答えはない。だが、よりよい判断ができるようなデータを取る必要性に疑問を持つ人はいないだろう。測るべき内容、測りたい内容が測られているデータを「妥当性（だとうせい）」があるデータと呼ぶが、この妥当性はデータを集める際に必ず意識する必要がある。

(2) 適切な対象を測定する

　よいデータの集め方の2つめの条件は「適切な対象を測定しているか」である。以下の事例について「主張したい内容に対して適切な対象を測定しているか」「導き出されている結論は正しいと言えるのか」をそれぞれ考えてみよう。

　調査の形式：フィットネスクラブで、日常生活の中で定期的に運動す

る必要があると思うか意識調査をした。
調査の結果：回答者の95％が「そう思う」または「非常にそう思う」と答えた。
結論：95％の成人男女が日常生活の中で運動をする必要があると思っている。

　このような結論の導き出し方やデータの取り方に違和感を覚える人は多いだろう。この事例については、一般的な成人男女ではなく、フィットネスクラブに通っている成人男女の95％が日常生活の中で運動をする必要があると思っているという解釈が正しい。もし成人男女が日常生活の中で運動の必要性を感じているかどうかが知りたければ、様々な場所にいる成人男女に意識調査をする必要がある。
　つまり、データを測定する相手（測定対象）は誰でも、何でもよいというわけではない。データを集めて主張したい内容があったとしても「予想している結論や出したい結論に一致するようなデータが集められる対象」からデータを集めるべきではない。データを集めて主張したい内容は「〜なのではないか？」という仮説であり、正しいかどうかは分からない。だからこそ「データを集めてこのような数値や集計結果が示されたら、主張したい内容は正しいといえる」「データを集めてこのような数値や集計結果が示されたら、主張したい内容は正しいとは言えない」という2つの結論のどちらにもつながる可能性のあるデータの集め方が必要になる。
　例えば、ある大学のスポーツ系の学科の学生を対象に調査をし、その多くが運動好きだったとしても「大学生は運動好き」とは断言できない。「大学生」の体力や生活習慣、価値観などについて知りたいときには、様々な大学、学部、学科のデータを集める必要があり、スポーツ系の学科の学生だけを対象にするのでは不十分である。逆に言うと、データを収集する対象によって主張できる内容は限定的になる（例：スポーツを専攻し

ている大学生の体力／生活習慣／価値観は〜など）。このように、データを集める際には、主張したい内容に対して適切な対象を測定する必要があるのだ。

(3) 比較するべき対象と比較する

　100メートル走の能力を上げるのではないかと考えられるウォーミングアップ走を皆さんが思いついたとする。すると次に皆さんがすべきなのは、そのウォーミングアップ走が本当に効果的かどうかを確認、検証することである。その場合「あるウォーミングアップ動作が100メートル走の能力を高める」という仮説が正しいか間違っているかを明らかにしたい。

　以下の(a)、(b)の2つの方法はこの仮説を検討するのに適切だろうか。

(a) 中学生陸上部員のタイムを測定し、1年後にそのウォーミングアップ動作をしてもらった後のタイムを測定して比較する
(b) 中学生陸上部員を男女で半分に分け、男子にだけそのウォーミングアップ動作をしてもらい、男女でタイムを比較する

　上記の2つの方法はそれぞれ問題がある。上記の方法(a)については、1年間の体の成長や練習の結果として、タイムが速くなる可能性があるため、ウォーミングアップ動作の効果だけによるタイムの違いとは考えられない。方法(b)については、中学生の男女で比較すると、平均的には男子の方が100メートルを走るのは速いため、男子にだけウォーミングアップ動作をしてもらったとしても、走る能力の違いはウォーミングアップ動作による差異と性別の間にある能力の差異を合わせたものになっている。

　このように、ウォーミングアップ動作の効果（または、練習の効果、専門種目の違い）などの特定の要素の影響を検証したいのなら、それ以外の

要素による差が生まれるようなデータの取り方をしてはならない。これをもう少し専門的な表現にすると、検討したい要素以外は「等質(とうしつ)」にする必要がある。上記のようなウォーミングアップ動作の効果検証の例であれば次のような方法が一つ考えられる。

① 最初に100メートル走のタイムを計っておいて、タイムが限りなく近い同性の二人組を作る。
② 半数の二人組の速い選手と残りの二人組の遅い選手を一つの集団にする。残りの選手でもう一つの集団を作る。
③ 数日後に、片方の集団には通常のウォーミングアップ動作、もう一方の集団には「特に効果があるのでは無いかと考えうれる」ウォーミングアップ動作をしてもらってからタイムを測定する。
④ 性別によって、有効なウォーミングアップ動作が異なる可能性を考慮し、男女別にペアごとのタイムの差を分析する。
⑤「特別なウォーミングアップ」の効果がまったくないのなら、ペアの中で速いのは、通常のウォーミングアップの動作の群と特別なウォーミングアップの動作の群の半数ずつとなるはずである。特別なウォーミングアップ動作をした群の方が速くなるケースが著しく多い場合は「特別なウォーミングアップ」は何らかの効果があると考えられる。

同一集団、同一人物を対象に繰り返しデータをとって比較を行う場合であっても、「等質」であることを重視する。つまり、ウォーミングアップ動作以外は同一コンディションにする。そのためには、「特別なウォーミングアップ動作」をしてからタイムの測定をするケースと「通常のウォーミングアップ動作」をしてからタイムの測定をするケースの前後は半々にするなどの工夫が考えられる。

(4) 偶然の要素の影響を少なくする

　何らかのデータを収集するとき、そのデータは、偶然の要素の影響を受ける。具体例としては、短距離走、ハンドボール投げなどの記録に計測時の風の向きと強さが影響を与えることや、データを測定する対象となる選手のその日の調子が影響することなどが挙げられる。

　実験などにおいて測定される数値は全くの偶然の要素により変動する。このような偶然によって生じるズレ（誤差）のことを「偶然誤差（ぐうぜんごさ）」という。

　人間のパフォーマンスに影響する要素を表現する言葉に「調子」というものがある。たまたま調子がいい、または調子が悪い、などという形で用いられる。ここで考えたいのだが、調子の波が激しい選手の本当の実力というのは、どのように考えるべきだろうか？「追い風参考記録」というものを公式記録として認めない競技があるように、偶然の要素の影響が強い場合のデータは信用できないことは誰もが認めるところではある。偶然の要素の影響を少なくするデータの取り方にはどのようなものがあるだろうか？

　個人の実力を知りたい、だが個人の中でたまたま調子がいいとき、悪いときがあるのなら、測定を複数回行うというのがまず考えられる方法である。これは、調子のよい時も、調子の悪い時も、追い風の時も、向かい風の時も、データをとって、データの平均値を出せば、本当の実力がわかるだろうという考えをもとにしている。

　また、特定の集団の能力が知りたい場合、その集団に所属する複数の人間の中で、たまたま調子のいい人、悪い人がいるのなら、同一条件について、集団内の複数の人間からデータを集めることで、その集団の調子に左右されていない真の能力、いわゆる実力がわかる。

　このような、多数のデータを得て平均化することによって、偶然の要

素の影響は解消されるという考え方は多くの分野の研究の基本的な考え方とされている。「測定値」＝「真の値」＋「偶然誤差」というように考えた時、プラスの方向にもマイナスの方向にも測定値を揺さぶる偶然誤差は、平均することで０に近づいていくと考えられるからである。

　「ちゃんと測定すれば、一度の測定できちんとしたデータが測定できるのでは？」という考え方を持つ人もいるかも知れない。だが、実際に厳密に実験をし測定をすると、実験結果は必ず誤差を含む。繰り返しの測定値のばらつき具合が小さければ、測定値は真の値に近い（測定値が信頼できる）とは言える。ここから、何度測っても同じ（近い）数値が出るなら、少ない回数のデータ収集で得られた数値でも信頼できるだろうと考えられる。

４．集めたデータはどんな風にまとめればいいのか（表やグラフの書き方）

(1)「統計」という考え方

　言いたいことや知りたいことがあり、そのためのデータを無事集めることができた。なかなかとれない貴重なデータがとれた。そのような場合、データをそのまま入力した表をつけて報告したくなるかも知れない。だが、そこで立ち止まって考えて欲しい。そのデータはそのままの形で他人に見せて、あなたの言いたいことが伝わるだろうか。

　たとえば、男子バスケットボールの日本代表選手の身長と、男子バレーボールの日本代表選手の身長、高いのはどちらかという話になったとき、データの一覧を表にすると**表２**のようになる。

　この表を見て、どちらの球技の日本代表の方が身長が高いか、すぐに読み取れる人は多くはないであろう。３人兄妹の中で誰の身長が一番高いのか？などの少数の数値の比較なら、データを見ただけで容易に判

断出来るが、このデータのように、たくさんのデータがあると主張が正しいかどうかが分かりにくくなることもあるし「身長が高い」という言葉の意味や判断の基準が曖昧だと「最も背が高い人はどちらの種目にいるのか？」「平均身長が高いのはどちらの種目なのか？」のどちらで考えればいいのかも分からない。

　データを集めて、何らかの主張をする場合、言いたいことが伝わるように、必要に応じてデータをまとめる必要がある。この処理のことを「統計処理（とうけいしょり）」という。「統計」とは「統べて（一つにまとめて）」「計る（数量や時間を調べ、数える）」ことを意味する。つまり複数の現象を数量で把握すること、またその調査によって得られた数量データのことを統計というのである。簡単にいうと「統計」とは「数字でまとめていうと……」という意味であり、主張したい内容が正しいかどうかを確認できるように、集まったデータを処理するのが「統計処理」である。

表2　バスケットボールとバレーボールの男子日本代表選手の身長 (cm)

バスケットボール	バレーボール
173	191
206	190
188	183
207	180
193	185
188	193
193	189
198	193
190	193
192	192
198	196
180	178
178	186
192	190
185	201
198	191
184	201
190	200
194	191
198	199
192	197
197	193
199	204
167	193
203	201
195	202
198	180
	170
	176
	177

(2) データを表にまとめる

　データを集めた後、言いたいこと

に説得力を持たせるにはどのようにまとめればよいだろうか？　データのまとめ方の一つの方法として、データを表にまとめるという方法がある。

先ほどの2つの球技の日本代表選手の身長のデータのようにデータの個数が多い場合は、データの一覧ではなく、2つのグループのデータの平均値などの比較の方が、2つの球技の日本代表選手の身長（平均身長）はどちらが高いかわかりやすい。このような場合は**表3**のように、データをまとめた表の方が言いたいことが伝わりやすい。

表3はいくつかの基礎統計量でまとめているが、この表から「全員の身長が何センチを中心に散らばっている？（平均値）」「より身長が高い選手がいるのは？（最大値）」「身長の順で並んだとき、真ん中になる選手はどちらの種目が大きい？（中央値）」「それぞれの球技で平均値を中心にどの程度のばらつきがある？（標準偏差）」などが読み取れる。このようにまとめられた基礎統計量の中でも「どのあたりにデータが集まっているか」を示したものを「代表値」といい、「どの程度データが散らばっているか」を示した標準偏差のようなものを「散布度」という。

みなさんが集めたデータを表にまとめる際に考えて欲しいのは「このデータから言いたいことは何か？」である。たとえば集団の傾向を著す

表3　2つの種目の男子日本代表選手の身長に関する基礎統計量

	バスケットボール	バレーボール
人数	27	30
身長 (cm)		
最大値	207	204
最小値	167	170
平均値	191.70	190.50
中央値	193.00	191.50
標準偏差	9.20	8.59

際には「平均値」「中央値」「最頻値」などが用いられることが多い（表3）。人数や個数をあらわしたい時は「度数（どすう：カテゴリーに含まれるデータの出現数）」を示すとよい（**表4**）。複数の人間のまたは複数回の試技の中で最もよい記録をあらわしたい時には「最大値」または「最小値」を示すとよいだろう（**表5**）。

また、どちらが大きい／多いのかをあらわしたいときには条件、人、集団ごとにデータをまとめると、伝わりやすい。そして、どのぐらいの割合なのかを示したければ、%表記などを使って全体の中のどの程度の割合かをまとめるとよい（表4）。表を見たときに、その表を作った人間が言いたいことが読み取りやすい、推測しやすいというのはよい表の条件である。自分たちが表を作る際にも、言いたいことが伝わりやすくな

表4　現役Jリーガーの都道府県別出身者数

順位	都道府県名	出身者数	比率
1位	東京都	160名	12%
2位	神奈川県	133名	10%
3位	埼玉県	108名	8%
4位	大阪府	98名	7%
5位	千葉県	86名	6%
6位	静岡県	81名	6%
7位	兵庫県	68名	5%
8位	福岡県	55名	4%
9位	愛知県	41名	3%
10位	北海道	36名	3%
—	その他	506名	37%
計		1372名	100%

表5　男子水泳の世界記録（2016/01/01 現在）

種目	記録	選手	国籍	樹立年
50m 自由形	20秒91	セザール・シエロフィリョ	ブラジル	2009年
100m 自由形	46秒91	セザール・シエロフィリョ	ブラジル	2009年
200m 自由形	1分42秒00	パウル・ビーデルマン	ドイツ	2009年
400m 自由形	3分40秒07	パウル・ビーデルマン	ドイツ	2009年
800m 自由形	7分32秒12	張琳	中国	2009年
1500m 自由形	14分31秒02	孫楊	中国	2012年
50m 背泳ぎ	24秒04	リアム・タンコック	イギリス	2009年
100m 背泳ぎ	51秒94	アーロン・ピアソル	アメリカ合衆国	2009年
200m 背泳ぎ	1分51秒92	アーロン・ピアソル	アメリカ合衆国	2009年
50m 平泳ぎ	26秒62	アダム・ピーティ	イギリス	2014年
100m 平泳ぎ	57秒92	アダム・ピーティ	イギリス	2015年
200m 平泳ぎ	2分07秒01	山口観弘	日本	2012年
50m バタフライ	22秒43	ラファエル・ムニョス	スペイン	2009年
100m バタフライ	49秒82	マイケル・フェルプス	アメリカ合衆国	2009年
200m バタフライ	1分51秒51	マイケル・フェルプス	アメリカ合衆国	2009年

るように工夫をしてほしい。

なお、レポート、論文などの本文中に、表を書くときは表の上に「表1」または「Table 1」などと書いた後で表の内容を示したタイトルを付ける。

(3) データをグラフにまとめる：わかりやすく図示しよう

みなさんが集めたデータを統計処理し、データから言えることが伝わる形で数値を表にまとめた後、結果を説明する相手に「言いたいこと」「データから言えること」についてさらに共感、納得してもらいやすくするために、データをグラフにまとめ、図示するという方法がある。

どのような場合にどのようなグラフを使うといいのかというグラフの使い分けにも様々な考え方がある。ここでは簡単に紹介したい。

数の多少、値の大小がわかりやすいのは棒グラフ（**図1**、**図2**）やヒストグラムである。棒グラフでも集団の中での散らばりが問題になるとき

第5章 データの説明文を書こう 91

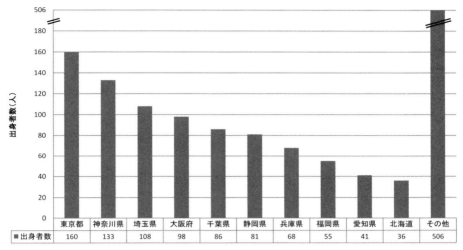

図1　現役Jリーガーの都道府県別出身者数

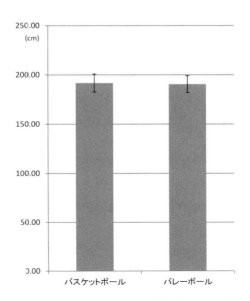

図2　二種目の男子日本代表選手の身長

には標準偏差などを追加して図の中に示すこともある（図2）。

全体の中の割合や比率がわかりやすいのは、円グラフ（図3）や帯グラフであり、変動（変化や推移）がわかりやすいのは折れ線グラフ（図4）である。複数項目のバランスを示すにはバランスチャート（図5）などを用いる。

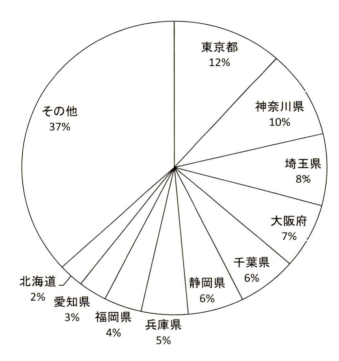

図3　現役Jリーガーの都道府県別出身者率

第5章 データの説明文を書こう 93

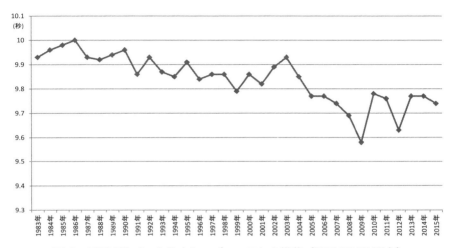

図4 男子100メートル走シーズンベストの推移（2016/01/01現在）

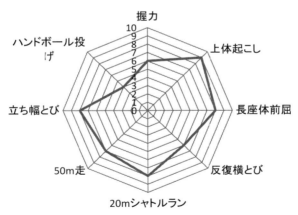

図5 ある中学2年生男子の体力テストの得点

また、グラフや図についても表と同じく、「図1」または「Figure 1」などと書いた後で図の内容を示したタイトルを付ける。ただし、グラフや図の場合タイトルを配置するのは、グラフや図の下である。

グラフを書くときに意識して欲しいのは「議論したい内容と一致したグラフを書く」ということである。以下の**表6**は平均寿命と健康寿命の性別毎の平均値のデータである。

表6　性別ごとの健康寿命と平均寿命

	女性	男性
平均寿命（歳）	86.3	79.6
健康寿命（歳）	73.6	70.4

「健康日本21（第2次）の推進に関する参考資料」
（次期国民健康づくり運動プラン策定専門委員会, 2012）より

このデータに関して、以下の(a)、(b)の2つの内容のいずれかを議論したいときには、**図6−1**、**図6−2**のどちらのグラフを用いるとわかりやすいだろうか？

(a) 女性の方が男性よりも平均寿命も健康寿命も長い。
(b) 女性の方が男性よりも介護を受けたり、寝たきりになったりする期間は平均的に長い。

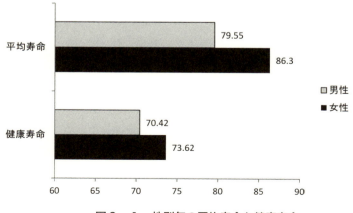

図6−1　性別毎の平均寿命と健康寿命

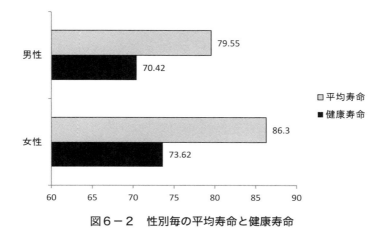

図6−2　性別毎の平均寿命と健康寿命

　(a)の内容について議論するときは、平均寿命と健康寿命のそれぞれの男女の値を並べた図6−1を用いた方がわかりやすい。(b)の内容について論じるときは、男女の平均寿命と健康寿命のずれを見てとりやすい図6−2が適切である。
このように、読み手に伝わりやすくすることを心がけるのは、文章を書くときだけでなく、グラフを書くときも同様である。議論したい内容に合ったグラフを使い分けられるようになってほしい。

5．集めたデータはどんな風にまとめればいいのか（文章の書き方）

　データが集まり、表やグラフが完成したら、最後にデータ、表、グラフから読み取れることを説明する文を書く。表やグラフを作った側からす

ると、表やグラフに書いてあることをさらにもう一度文章にすることに違和感を覚えるかも知れない。だが、表やグラフから何が読み取れるかは、読み取ろうとしている人が前提としている考えに左右される。そのため、データを通じて議論したいことはきちんと文章にする必要がある。

データをまとめた結果を書く前に書くことはいくつかある。まずは「何が考えたい、または主張したいのか」である。どのような問題意識と目的でこのデータを集めて、報告するのかが書かれていると、文章を読む側は、これから何の話が始まるのかを理解して、話の内容やデータに示されていることを理解できる。

次に書くのは誰に、またはどのようにデータを集めたのか、つまり「どんな風にデータを収集したか」である。そして「どんな風にデータを整理したか」を書く。これは、集まったデータをどのように整理、分析したかである。

そして最後に「データを整理した結果、言えることは何か」と「データが示した結果から考えられることは何か」を順に書く。データや表、グラフから読み取れることと、そこから考えられることを分けて書くのは、同じ表やグラフを見ても違う解釈やアイディアを思い浮かべる人もいるかも知れないからである。結果の解釈が人によって異なりそのことを議論する際に、議論しやすい状態にするためにも、これらは分けて書いておきたい。

以下に簡単な調査用紙を用いた調査の結果をレポートに書く際の文例を示す。

「「普段からチームプレーを意識し『連帯責任』というキーワードを用いた指導を受ける団体競技の運動部に所属している中学生は、個人競技の運動部に所属している中学生や、運動部に所属していない中学生に比べて、問題行動を起こしにくいのではないか」という仮説を検証するために、N市内の中学校に協力を依頼し、中学2年生127名から所属する部活動と様々な問題行動に対する抵抗感（0〜5点）についての調査用紙に対する回答を得た。

それぞれの所属する部活動についての回答をもとに調査協力者を「団体競技運動部群」

「個人競技運動部群」「非運動部群」の3つの群に分類した。3群の人数はそれぞれ43名、40名、44名であった。

問題行動への抵抗感についての質問紙の回答から、調査協力者ごとの「問題行動への抵抗感得点」を算出し、3つの群それぞれで平均値と標準偏差を算出した。各群の問題行動への抵抗感得点の平均値と標準偏差を**表7**、**図7**に示す。

表7 各群の問題行動に対する抵抗感

	団体競技運動部群	個人競技運動部群	非運動部群
平均値	4.54	4.44	4.43
標準偏差	0.40	0.44	0.54

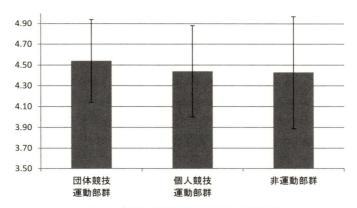

図7 各群の問題行動に対する抵抗感

「団体競技運動部群」「個人競技運動部群」「非運動部群」の中で、問題行動への抵抗感が最も高いのは「団体競技群」であり、「個人競技群」と「非運動部群」の差はほとんど見られなかった。ただし、非運動部群内の問題行動に対する抵抗感の個人差は他の2群に比べて大きい。団体競技の運動部に所属している中学生は、問題行動に対する抵抗感が、その他の中学生に比べて高いことと、運動部に所属していない中学生の問題行動への抵抗感は団体競技、個人競技の運動部に所属している中学生のそれに比べて、一人一人で違うという傾向が強いといえる。ここから、スポーツの競技特性によって、そのスポーツをする人間の心理的な特性が影響を受ける可能性が考えられる。

課題

　以下の問題意識と、次期国民健康づくり運動プラン策定専門委員会が2012年に発表した「健康日本21（第2次）の推進に関する参考資料」の性別ごとの平均寿命と健康寿命のデータ（表6と図6）を自分がすでに持っている場合を想定し、データをまとめた文章を書こう。前半部分は文例を写し、その後の文章を下線部の指示に従いながら自分なりに考えて書いて欲しい。

　寿命と健康寿命のギャップの期間は、いわば介護が必要になったり、寝たきりになったりする期間を指す。これが縮むと、不健康な状態で生活する高齢者が減るだけでなく医療や介護の費用の削減にもつながる。そのため、適切な対象への運動指導を通じて寿命と健康寿命の差を少なくすることは、高齢者の運動指導にかかわる者として意識しなければならない課題であるといえる。一方で、生涯スポーツへの取組や平均寿命、健康寿命に性別間の差があることも報告されている。今後高齢者の運動指導にあたり、健康寿命を延ばすための運動指導がより必要とされるのは男女どちらなのかを把握しておくことは重要である。

　そこで「健康日本21（第2次）の推進に関する参考資料」（次期国民健康づくり運動プラン策定専門委員会, 2012）から性別ごとの平均寿命と健康寿命のデータを得た（表6、図6参照）。←図6－1、図6－2のどちらを使うべきだろうか。

　この性別ごとの平均寿命と健康寿命のデータから、～といえる（考えられる）。←「～」部分は自分で考えて書く。運動指導を通じて健康寿命と運動寿命の差を少なくするべき、重視すべき対象（性別）とは男女どちらなのか？その他、このデータからどんなことが考えられるかについても書く。

6．第5章のポイントの復習

①データによって、説得力を増す。
②言いたいことにあったデータの集め方を考えよう。
③データから言えること、言いたいことが伝わる表やグラフを使おう。

④データの集め方やまとめ方、データをまとめた表、グラフから言えることとそこから考えられることを明確に分けて書こう。

引用参考文献

公益社団法人 日本プロサッカーリーグ (2015).【グラフィックレポート】Jリーグ選手の都道府県別出身者数. http://www.jleague.jp/news/article/2024/

公益財団法人日本バレーボール協会 (2015). 全日本男子 2015 年度全日本男子チーム 選手・監督・スタッフ. https://www.jva.or.jp/index.php/international/ryujin_nippon/

公益財団法人日本バスケットボール協会 (2015). 日本代表 平成 27 年度 (2015 年度). http://www.japanbasketball.jp/japan-team/2015/m_all

公益財団法人日本水泳連盟 (2016). 標準記録・記録一覧. http://www.swim.or.jp/compe_swim/record_list.php

文部科学省 (2011). 子どもの体力向上のための取組ハンドブック. http://www.mext.go.jp/a_menu/sports/kodomo/zencyo/1321132.htm

ウィキペディア (2016). 100 メートル競走. https://ja.wikipedia.org/wiki/100%E3%83%A1%E3%83%BC%E3%83%88%E3%83%AB%E7%AB%B6%E8%B5%B0

次期国民健康づくり運動プラン策定専門委員会 (2012). 健康日本 21 (第 2 次) の推進に関する参考資料. 厚生科学審議会地域保健健康増進栄養部会 http://www.mhlw.go.jp/bunya/kenkou/dl/kenkounippon21_02.pdf

コラム：スキーが教えてくれた故郷の魅力

武田　丈太郎

　「雪が鳴く」。この言葉を聞いたことがあるだろうか。もちろん鳥のように鳴くわけではないのはわかるだろうが、想像がつかない人も多いだろう。真冬の北海道や長野では、雪道を歩くとキュッキュッとかわいい音がする。一段と冷えた日の朝などに、雪に含まれる水分が少なく乾いているために起きる現象だが、それを「雪が鳴く」と地元民は表現する。

　私の地元は北海道。通学途中に「雪が鳴く」を味わっていた。サラサラの雪で苦労しながら雪合戦をしていたし、親が好きだったこともあって物心つく前からスキーを履いていた。小学生の頃は、学校が終わると家に帰り、息つく暇もなく着替えてスキー場に直行、照明が消えるまでひたすら滑っていた。もちろん冬休みや日曜日は常にスキー場に行っていた。ちなみに、スキー場がオープンしている時期は約6か月、そのうち60日間滑っていたので3日に1回は行っていたことになる。今考えると、よくも飽きずに滑っていたものだと、幼い自分に感心すると同時に呆れてしまう。

　関東の大学に進学したため、その後は雪のない冬を過ごすことになったわけだが、正月明けのある日、平日にも関わらず合宿をしている高校生に出くわした。「なんで学校が始まっているのに、日中の時間から練習しているんですかね？」と、先輩に聞いたところ、「北海道の高校生だよ、まだ冬休みだろ、おまえもそうだっただろ……」と説明してくれた。ご存じの人もいるかもしれないが、北海道の冬休みは約25日間。東京の冬休みは約2週間だから、約2倍

の長さなのだ（そのかわりに雪国の夏休みは短い）。ちなみに、その差を知ったのは大学生になってからだったが、知らないうちに自分も雪なし県の住民になっていた。

　関東での生活も 10 数年余り経つ。北海道の「雪」はシャンペンスノーと称され、昨今は世界からも注目を浴び、それを求めて各国から観光客がやってくる。そのことを以前から知っていたのもあり、久しぶりにスキーでもやってみようかと思い、昨年の冬に滑り倒したホームゲレンデのスキー場に行ってみた。一度、自転車に乗れるようになると、歳をとっても乗れるのと同じで、スキーも数本滑れば感覚が戻ってくる。ロッジ、リフト、そしてゲレンデ、何一つ変わっておらずホッとしつつ何とも言い表せない温もりのようなものを感じた。そして、心を躍らせてくれるものも手に入れることができた。「山頂から見る景色」である。幼い頃には全く見向きもしなかったものの、故郷を離れて歳を重ねたからこそ、気づくことができたのかもしれない。

　故郷の魅力を教えてくれたスキー。今年も初雪まで半年。帰省する楽しみがまた一つ増えた。

第6章　主張文を書こう

佐藤　裕紀・森下　稔

1. 第6章のナビゲーション・マップ

(1) 第6章の目的
　第6章の目的は、論理的に整合性があり、かつ説得力のある文章の書き方を学ぶことである。そのために、主張する文章の「型」をひとつ習得する。

(2) 第6章のチャート（概要）
　① 文章とは何か？
　②「説得する」とはどういうことか？
　③ 説得力のある文章を書くためには？

(3) 第6章のポイント
　① 文章には説得力が必要である
　② 説得力のある文章には、主張の根拠となる裏付けが必要である
　③ ひとつの論理構成の「型」を身につければ、論理的に主張できる
　④ 主張する文章に、感動や余韻は不要である。平凡でも論理性を重視せよ
　⑤「柔よく剛を制す」。声高に自分の意見ばかりを主張すると逆効果である。読者の反論を意識せよ
　⑥ 下書きをしてから清書せよ

2. 主張する文章の考え方とその書き方

(1) 文章とは何か？

　第4章では、「手順を説明する文章」を学び、第5章では「データを説明する文章」を学んだ。体育・スポーツ系学生が実験・演習でレポートをまとめる場合に当てはめると、手順の説明文でデータを収集するための実験や調査について述べ、データの説明文によって、得られたデータをグラフなどで視覚化してわかりやすく示した上で説明した段階である。

　しかし、このままではレポートは完成しない。そこから、いったい何がわかったのか、何を言いたいのかを明確に示さなければならない。つまり、結論を主張しなければならない。読者にとって最も知りたいのは結論である。データを収集するプロセスでも、具体的で詳細なデータでもない。結論に関心を持ってはじめて、そのような結論が導かれたプロセスや具体的データを確かめてみたいと考えるのである。

　したがって、体育・スポーツ系学生は主張する文章の書き方を身につけておく必要があるが、ここでは文章の基本に立ち返って、文章とは何かというところから考えてみよう。

　体育・スポーツ系学生のあなたは、「文章」という日本語の単語の意味をそもそも理解しているであろうか。単語の意味を知るためには、国語辞典を引くのが常道である。もし、国語が嫌い、辞典を引くのが嫌いだからと、消去法で体育・スポーツ系を選択したとしたら考えを改めてほしい。体育・スポーツ系であっても、日本語で専門分野の内容を説明する以上は、日本語の単語の意味を正しく用いなければならない。意味が伝わらずに読者が理解できなければ、説明していないのと同じだからである。それでは、「文章」という単語を国語辞典で引いてみよう。できれば2種類以上準備して読み比べると理解が進む。自分の競技能力を向上させる方法について誰かに助言をもらう際、複数人から助言をもら

うことで、より正確な自分の状況と方法を理解できることと同じである。

　まず『広辞苑』(岩波書店)を引いてみることにする。そこには、「文字を連ねてまとまった思想を表現したもの」「文よりも大きい言語単位で、それ自身完結し統一ある言語表現をなすもの」とある。拍象的に感じられるのではないだろうか。そこで、『新明解国語辞典』(三省堂：以下、『新明解』と略す)を引くと、「いくつかの文で、まとまった思想・感情を表したもの」とされている。つまり、複数の文で思想・感情を表現したものが「文章」ということになる。

　そこで、考えてほしい。人はいったい何のために思想を表現するのか。何のために感情を表現するのか。たしかに、誰にも読ませない日記などの場合には、書くことによって自分の考えを明確化させたり、複雑な感情を整理してみずからを癒したりすることもあるだろう。しかし、多くの場合は「他人に伝えたい」から表現するのである。しかも、ただ伝えたいだけでなくて、わかってもらいたいのである。なぜなら、わかってもらえなければ、伝えたいという目的が達成できないからである。さらに、わかってもらう相手とは誰かということを考えてみると、すでにわかってくれている相手に対して表現する必要はないのだから、まだわかっていない相手、あるいは自分とは反対の意見を持っている相手ということになる。その相手に、できれば考え方を変えて自分の意見に賛成してもらい、自分の味方になってもらいたいのである。

　つまり、文章とは、「読者を説得するために、自らの考えを表現した複数の文」と言える。

(2)「説得する」とはどういうことか？

文章を書く目的は、読者を説得することであった。それでは、「説得する」とはどういうことなのか。再び国語辞典を引こう。『広辞苑』で「説得」の項を見ると、「よく話して納得させること」とある。『新明解』では、「自分の意志や主張を十分に伝えて相手に納得させること」とある。ここに、第５章の課題である「主張」が出てきた。主張する文章を書くには、相手を納得させることができなければならないのである。納得していない相手を納得させるには、いったいどのようにすればよいだろうか。『新明解』を少し読み進むと、「—力」という小項目がある。「説得力」という項目の意味である。そこには、「相手を説得するに足る、裏付けと話術」とある。なるほど、話術が巧みであれば相手を説得できるのである。しかし、本書では書き言葉の力を高めたいのであるから、話術は学習の範囲に入らない。ということは、主張する文章には「裏付け」が必要なのである。「裏付け」とは何か、各自、国語辞典で調べてみよう。ここでは、これを「主張の根拠・理由」としておく。

　文章を書くことは、自分と異なる意見を持つ者の考え方を変えさせて、自分に賛同してもらうことだと書いた。そのことと考え合わせて、「説得する」ことの意味を「自分とは反対の意見を持つ者に対して、その反論を封じ込める十分な根拠を示して、相手の気持ちを変える」と定義しておこう。

(3) 説得力のある文章を書くためには？

　主張する文章を書くためには、説得力のある文章を書く力が必要であることがわかった。また、説得するためには、相手の反論を封じ込める十分な根拠を示す必要があることもわかった。しかしながら、これだけでは具体的にどうしたらよいか、まったくわからない体育・スポー

ツ系学生も多いだろう。

　あなたにとって、非常に理解しやすい方法を提供してくれている参考文献がある。樋口裕一著『YESと言わせる文章術―自分の意見が面白いほど伝わる―』（青春出版社）という新書である。とにかく、「型」を身につけて、使いこなせるようになれば、説得力のある文章が書けると高らかにうたっているのである。この「型」は、剣道のような武道や、ダンス等様々なスポーツにもあるような、それを習得することで効率的に技能を向上させることができる基本的な形のことである。しかも、その型は3つだけである。さっそく身につけて、実際に応用する練習をしよう。なお、ここでは樋口の説明のごく一部しか紹介できない。ぜひ、この本を購入して読破し、数々の練習問題に取り組んでほしい。

① 主張とその根拠の示し方
　それでは、樋口式「型」（公式）を見てみよう。

樋口式基本型その1
第一部　言いたいことをズバリと書く
第二部　第一部で書いた結論の理由や対策などを書いて、説得する

樋口式基本型その2
第一部　いろいろと理由や対策などを書いて、説得する
第二部　言いたいことをズバリと書く

　いきなり、2つの型を同時に示したが、これは順番が入れ替わっているだけで、本質的には同じものである。つまり「主張」と「説得」の組み合わせであり、どちらが先に来るかの違いである。以下に、樋口式基本型その1とその2を用いた文章例を示すので、比較してもらいたい。

【基本型その1の文章例】
昨日の地震での本大学における被害は小さかったと言える。
地震発生時刻は14時00分で、3時限の授業時間中であった。震度5強で、一部の建物に損壊が発生し、建物内部でも事務機器等の落下があった。全学に避難放送が流され、学生・教職員は広場に各自避難した。発生後10分で避難が完了し、安否確認の結果、軽傷者が若干名いたものの全員の無事が確認された。その後も強い余震があったが新たな人的被害には至らなかった。

【基本型その2の文章例】
昨日の地震発生時刻は14時00分で、3時限の授業時間中であった。震度5強で、一部の建物に損壊が発生し、建物内部でも事務機器等の落下があった。全学に避難放送が流され、学生・教職員は広場に各自避難した。発生後10分で避難が完了し、安否確認の結果、軽傷者が若干名いたものの全員の無事が確認された。その後も強い余震があったが、新たな人的被害には至らなかった。
地震での本大学における被害は小さかったと言える。

　以上の文中で、「被害は小さい」というのは、状況を判断した結果の主張である。この主張の根拠として、地震発生時の状況が説明されている。基本型その1は、読者に被害の全体状況を早く知らせたい場合に適切となる。基本型その2は、地震発生時の状況を詳細に報告したい場合に適切となる。

② 反論を生かす主張の型
樋口式基本型その3
　樋口が提唱する第3の型（公式）は600字以上の文章を書く場合に適しているとされている。しかし、筆者は200字の場合にも十分使えると考える。むしろ、しっかりと身につける練習を積むためには200字で取り組んだほうが成果が上がるのではないかと考えている。この型の特色は、論理構成がしっかりしていることであり、字数の多少はそれほど大きな要因とはならないからである。それでは、どういう型（公式）であるかを紹介するが、オリジナルに若干の修正を加えている。この型の場合は4部構成になっている。①問題提起、②意見提示、③展開、④結論である。

　第一部　問題提起
　文章の冒頭で、自分が主張したいことについての問題提起をする。たとえば、「……は、……ではないだろうか」や「……は、はたして……と言えるのだろうか」という書き方をすればよい。600字以上の分量であれば、樋口が述べるように結論を書いても、自分の主張を明確にしてもよい。しかし、200字で書く場合には、以下の第四部と同じ内容で重複してしまうため、問題提起にとどめておくほうがまとまりがよい。
　第二部　意見提示
　次に、「たしかに、……」のパターンを用いて、自分の主張への想定される反論を述べておく。声高に主張するのではなく、冷静に相手の意見への目配りがあることを示しておく。そして、その直後に「しかし……」のパターンで続ける。相手の反論を即座に否定する。反論を封じ込めるのである。このとき、注意しておきたいのは、前半部分であまりに説得力のある反論を準備しないことである。要点は、否定することにある。否定しやすい反論にするのがコツである。
　第三部　展開
　その次に、自分の主張がいかに正しいかを説明する。このとき、「な

ぜなら……からである」のパターンを用いて、「しかし……」で相手の反論を否定した理由や根拠を述べることによって、主張を正当化する。説得するには、「裏付け」が必要と述べたが、ここで理由や根拠を述べることによって、説得力のある文章になるのである。

　第四部　結論

　最後に、全体を整理して、イエス・ノーを明確にする。「したがって、……」というパターンを用いるとよい。

　以上が型である。これを具体的な文章の例で見てみよう。まず、この型（公式）を使わずに、声高に自分の意見ばかりを強硬に主張している文章を示す。

> 浦和市が合併でさいたま市になったにもかかわらず、浦和レッズがチーム名を変えないのは絶対におかしい。Ｊリーグは、ホームタウンとともに発展することを理念としているが、レッズはこの理念を無視しているとしか言いようがない。レッズは熱狂的なファンだけでなく、広く市民の支持が必要なのにそれがわかっていない。レッズが、もはや市民の公共的な共有財産になっているのだから、さいたまレッズにチーム名を変えるべきだ。

　もし、みなさんの中に浦和レッズのファンがいたら尋ねてみたい。熱心なファンならば、反感は覚えても「なるほど」と合点はいかないのではないか。スタジアムでチーム名を連呼して、声援を送り続けた経験があれば、なおさらチーム名への愛着があるだろうから、簡単に変えられたくないと思うであろう。このように、簡単に倒せない相手を一方向からのみ全力で押し続けてみ

ても、結局倒せず、徒労に終わることになる。

それでは、樋口式基本型その３を用いてこれを書き直してみる。言っていることはほとんど変わらないが、型(公式)に当てはめただけである。

> 浦和市が合併でさいたま市になったにもかかわらず、サッカーの浦和レッズはチーム名を変えていない。たしかに、Ｊリーグのチームは自治体の所有物ではないから変える必要性はないだろう。しかし、自治体との関係は重要である。なぜなら、Ｊリーグの理念はホームタウンとともに発展することであり、自治体と無関係にチーム単独で事業運営を考えるものではないからである。したがって、私はさいたまレッズにチーム名を変えるべきだと考える。

さて、どうであろうか。論調はおとなしくなったが、反対論者が考えそうな反論のひとつが示され、それが根拠を持って否定されており、説得力が増している。実際には、ほかにもいろいろと反論は出てくるだろう。しかし、反対論者としては、ここで否定された根拠を逆転して再否定しなければならなくなっているのである。この場合、Ｊリーグの理念を否定したり、チーム運営は自治体と無関係に行ってよいのだと主張したりしなければならない。それはなかなか難しいことである。このように、相手の反論しようとする力をうまく利用するところに、この型の優れた特色がある。柔道や合気道などの武道を経験したことがある人なら、特にわかりやすいだろう。「柔よく剛を制す」というが、その極意は相手の力をうまく利用して倒すことにある。

それでは、この例がどのようにつくられたのか、プロセスを追うことにする。まず、樋口式基本型その３を次のように表してみる。

① Ａ（Ｅに関する問題提起）
② たしかに、Ｂ（Ｅに対する反論）
③ しかし、Ｃ（Ｂの否定）

④ なぜなら、D（Cの理由・根拠）からである
⑤ したがって、E（主張）

1．結論を決める
　最初に考えるべきは、E、つまり主張であり、この文章の結論である。そこで、最初に次の文をつくる。
　　E＝「私は、さいたまレッズにチーム名を変えるべきだと考える」
2．反論を考える
　　B＝「Ｊリーグのチームは、自治体の所有物ではないから変える必要性はないだろう」
3．上の反論を否定する
　　C＝「自治体との関係は重要である」
4．否定の根拠を考える
　　D＝「Ｊリーグの理念は、ホームタウンとともに発展することであり、自治体と無関係にチーム単独で事業運営を考えるものではない」
5．論旨にふさわしい問題提起を考える
　　A＝「浦和市が合併でさいたま市になったにもかかわらず、サッカーの浦和レッズはチーム名を変えていない」

これを、型（公式）に当てはめればよいのである。以上のプロセスを普通の言葉遣いでは「下書き」と呼ぶ。当てはめることを「清書」と呼ぶ。どんなときにも、いざとなったら、この形で主張できるようにしておきたい。実は、第５章のこれまでの部分でこの型（公式）を用いて論じている箇所がある。探してみよう。

　型（公式）に当てはめたら、以下のチェックポイントで推敲する。

「主張する文章」のチェックポイント
① 指定された「型」を使用しているか？
（A）。たしかに、（B）。しかし、（C）。なぜなら（D）からである。したがって、（E）。
② 論理的に整合性があるか？
　1）問題提起に対する結論となっているか？　AとE
　2）結論に対する反論になっているか？　BとE
　3）「しかし」の前後が逆関係になっているか？　BとC
　4）「なぜなら」のあとが根拠として成立しているか？　CとD
　5）結論が成立しているか？　E
③ 適切な日本語表現になっているか？

3．練習問題

　下記に示した「組み体操は危険？達成感も…見直しに賛否両論」の記事を読んで、学校現場における組み体操の実施の賛否に対するあなたの主張を、樋口式基本型その3を用いて200字以内で書きなさい。

「組み体操は危険？　達成感も…見直しに賛否両論」

　最近の小中学校では、他行事との兼ね合いで5〜6月に行われることも多くなった運動会。その目玉の一つとされてきた組み体操について、「やめたほうがよい。子どものためにも、そして先生のためにも」と題し、危険性などを理由に見直しを訴える提言が出された。これをきっかけにネットでは組み体操の存否をめぐる活発な議論が交わされている。　話題を集めているのは、教育社会学者の内田良・名古屋大大学院准教授が5月19日にヤフーニュースに投稿した「緊急提言」だ。
　内容は、学校体育の各種目の中でも組み体操の重大事故が多く、しかも増加傾向にある現状を指摘。学習指導要領に組み体操の記載がなく、訴訟リスクもあることを挙げ、組み体操の実施意義を問うものだ。リツイートでの拡散は3300以上、フェイスブックでのシェアは1万2000に達するなど、大きな反響を呼んだ。
　記事へのコメントは、はっきり賛否両論に分かれた。「絆云々（うんぬん）言ってる人たぶんいるけど、別にこれで深まったとか記憶ないな」「運動神経と体力の双方が不

十分な場合、危険極まりないでしょう」と賛同者が相次ぐ一方で、「組み体操の練習自体、体力を付ける意味があるし、ピラミッドは組み体操の中でもできたときの達成感は一生モノ」「そのうち、あれも危険だからダメ。これも危険だからダメ。ということになって、なにもできなくなりそう」と継続を支持する意見も多い。

提言を受けてヤフーニュースが実施した意識調査では、28日現在で「やめた方がいい」の41％に対して「やめなくていい」が51％と、継続派がやや優勢ながらも、おおむね拮抗（きっこう）した状態だ。

そもそも、組み体操はいつから学校教育に組み入れられたのか。正確な時期はまだ特定できていないが、内田准教授は昭和26年の学習指導要領に組み体操の記述があることを確認しており、「少なくとも、戦後わりと早い段階から学校教育の中で行われており、どこかの時点で学習指導要領から削除された」と話す。ここ数十年を通じ、組み体操が運動会の見せ場演目として定着していることは確かであり、それを楽しみにする保護者らも多い。

議論の中では、「怪我する可能性有るからダメ、危ないからダメ、こんなこと言ってどんどんやめていったら後に何の種目が残るのか。（中略）せっかくの休日にそんな運動会は見に行きたくもないわ」と、観客の立場からの期待感を示すコメントも複数見られた。

ただ、スペクタクルを重視すれば行きすぎも生じる。「最近の組み体操は極端すぎ。基礎体力落ちてるってテレビや新聞で散々言ってるクセに10段ピラミッドとかおかしいでしょ」「昔は4、5段だったのですり傷程度ですんでいましたが、見た目の派手さを求め過ぎの結果では？」（記事コメント欄）。内田准教授も「近年になって『10段ピラミッド』など、規模が巨大化する傾向がみられる」と懸念する。組み体操は当然ながら体育教育の一環であり、興行ではない。一部の学校で行われている巨大で危険な"見せる"組み体操は、果たして誰のためのものか。提言の「組み体操は、そこまでのリスクを冒して、いったい何を目指しているのか」という問いは重い。（磨）

出典：産経新聞ネットろんだん「組み体操は危険？　達成感も…見直しに賛否両論」
http://www.sankei.com/life/news/140530/lif1405300017-n1.html

【「賛成」の解答例】

学校現場での組体操はやめた方が良いのだろうか。たしかに、10段ピラミッド等極端な例も見られ、実施に伴うケガのリスクもある。しかし、危険だから廃止、では何もできなくなってしまうし、子どもたちの成長と思い出を奪うことになる。なぜなら、組体操の練習は体力の向上にもなり、何より皆で練習を重ね本番で成功した際の達成感と絆の深まりは、他と代えがたいものだからである。したがって、組体操は実施すべきだと考える。

4．提出課題

　配布される文章を読んで、賛成意見または反対意見を 200 字以内で主張しなさい。〔巻末ワークシート〕

5．第6章のポイントの復習

① 文章には説得力が必要である。
② 説得力のある文章には、主張の根拠となる裏付けが必要である。
③ ひとつの論理構成の「型」を身につければ、論理的に主張できる。
④ 主張する文章に、感動や余韻は不要である。平凡でも論理性を重視せよ。
⑤「柔よく剛を制す」。声高に自分の意見ばかりを主張すると逆効果である。読者の反論を意識せよ。
⑥ 下書きをしてから清書せよ。

引用参考文献

樋口裕一 (2002)『Yes と言わせる文章術―自分の意見が面白いほど伝わる』青春出版社。

第7章　プレゼンテーションをしよう

佐藤　裕紀・久保田　英助

1. 第7章のナビゲーション・マップ

(1) 第7章の目的

　第7章の目的は、本テキストの第5章までに学習した日本語表現の基礎を土台にし、「説得力のある」話し方を身につけ、現代社会で強く求められているプレゼンテーション・スキルの向上を目指すことにある。

(2) 第7章のチャート（概要）

　① プレゼンテーションとは何か
　② プレゼンテーション・スキルとは
　③ プレゼンテーションを準備する

(3) 第7章のポイント

　① プレゼンテーションが上手になるためのスキルを習得しよう。
　② プレゼンテーションを準備し、グループで確認しあおう。
　③ プレゼンテーションを実践しよう。

2. プレゼンテーション・スキルを向上させるには

(1) プレゼンテーション・スキルとは

　第6章では、主張する文章を書くことを学んだ。レポートや論文の質を高めるためには、繰り返し復習することが大切である。しかし、実際の社会生活では、自分の意見を主張する場合、文章を提示することによってではなく、口で説明することによっての方が多い。その場合、「説得力のある文章」を書き、それを読み上げさえすれば、そのまま説得力のある「話し方」になるわけではないことに注意しなければならない。「話し方」には「話し方」特有のテクニックがあるのである。

　何らかの資料を提示しながら自分の意見を主張することを、「プレゼンテーション」と言う。あらゆる領域で情報化が進んでいるこの社会では、私たちは膨大な「情報」に囲まれて生活している。このような社会を「情報化社会」と言う。そこでは押し寄せる情報に流されることなく、自分の考えをプレゼンテーションし、正しく理解してもらうことが、何にも増して重要となる。そのための力をコミュニケーション能力とも言うが、今日の社会においては、仕事の取引先や関係者とのコミュニケーションを強化していくことが、自分自身の社会生活を豊かにするために不可欠なのである。

　ところで情報は、コミュニケーション、すなわち話し手と聞き手の双方の「伝達」と「理解」というプロセスによって伝わるものである。しかし、ここでは特に「伝達」に着目したい。たとえ価値のある情報を数多く持っていたとしても、「伝達」の仕方が悪ければ、聞き手が理解する情報量は少なくなる。重要な情報を持っていて、それを熱心に説明したとしても、相手に伝わらなければ意味がない。大切なのは「伝達の効率」である。

　つまり、プレゼンテーションにおいて大切なのは、話し手が提示する情報の質や量というよりは、むしろ最終的に聞き手に理解された情報の

質と量ということになる。

したがって、第6章では、聞き手に情報を効率よく伝達し、話し手と聞き手との間のコミュニケーションを豊かにするためのテクニック、すなわちプレゼンテーション・スキルを高めるための「コツ」をつかんでほしい。

ただし、プレゼンテーション・スキルを高めるためには、この章だけを学べばいいわけではない。第1章「わかりやすい文を書こう」、第2章「正しい敬語を使用しよう」、第3章「要約文を書こう」、第4章「手順の説明文を書こう」、そして第5章「データの説明文を書こう」、第6章「主張文を書こう」の各章で説明されている日本語表現の基本をしっかりと身につけることが不可欠である。

(2) プレゼンテーション・スキル

では、どのようにしたら伝達が円滑になるのだろうか。プレゼンテーションにも技術(スキル)がある。これから説明する12のポイントをしっかりと理解し、記憶し、そして今後どのような状況においてもこれらの技術をフル活用するように心がけていれば、あなたのプンゼンテーション・スキルは間違いなく向上していくはずである。

なお、ここでは、藤沢晃治著『「分かりやすい説明」の技術』(講談社)などを参考にしているが、必要最低限の「これだけは！」というテクニックの紹介にとどめている。したがって、本章の内容をマスターしたのちに、さらに応用的なプレゼンテーション技術を習得したいという意欲があるのであれば、これらの本で学習するとよいだろう。

基本姿勢：聞き手を把握し、聞き手の関心を誘導しよう

プレゼンテーション・スキルを向上させようという場合、自分が話そうと思う内容を充実させることはもちろん重要だが、むしろ聞き手の何をどこまで把握し、それに合わせてどのように対応するか、ということ

が最大のポイントになる。「聞き手の関心をどうやって引きつけようか」、こうした姿勢で挑んでほしい。

そこで、まずは、話し手と聞き手とでは、その置かれている状況がまったく違うということを考えたい。その上で、どういう説明の仕方が効果的なのかについて説明していくことにしよう。

①聞き手との「時間のズレ」を考慮しよう

まずは、話し手と聞き手とでは、情報の理解に対する準備態勢という点で、大きな違いがあるということを理解しておかなくてはならない。

ここで言うところのプレゼンテーションにおける「時間のズレ」とは、話し手が説明した時間と、聞き手がその説明を理解する時間との間にあるギャップのことを意味している。なお、『「分かりやすい説明」の技術』では、これを「タイムラグ」と呼んでいる。それでは、この「時間のズレ」とはいったい何なのか、具体的に示してみよう。

たとえば、スタジアムにおいてスポーツ競技大会の実施中、何らかのトラブルが発生し、警備員であるあなたは早急に観客を避難させなくてはならない、といった状況を想像してみてほしい。

観客の多くは、災害の状況、スタジアムの構造、避難経路、緊急時の注意事項など、ほとんど何も知らないに違いない。訓練されているあなたは、対処方法を即座に理解し、それにしたがって観客を誘導しようとするだろう。しかし、観客に今何をすべきか説明したとしても、その内容を正確に理解し、即座に適切な対応をしてくれないこともあるはずである。最悪の場合は、逃げおくれる観客が出てしまうかもしれない。

あなた（警備員）と観客との違いはいったい何か。それは情報を頭で理

解するための準備態勢が整っているかどうかという点、すなわち、持っている知識の量に大きな違いがあるという点である。実は、プレゼンテーションでの話し手と聞き手との間でも同じ状況になっている。

　プレゼンテーションを行うにあたって、あなたは自分が選んだテーマに関する数多くの資料・データ・研究などを調査し、分析するはずである。そうであれば、あなたが選択したテーマに関して、聞き手の誰よりも、そのテーマについて多くを考え、さまざまな知識を持っているはずである。

　一方、はじめてあなたの説明を聞く人は、あなたが伝えたい内容に関して、ほとんど知らないケースが多い。

　このように、話し手と聞き手とでは、そのテーマに関する理解の準備態勢、持っている知識の量がまったく異なっているのである。それでは、知識の量にこれほどの差があることで、どういう不具合が生じるのであろうか。すなわち、あなたが伝えた情報が、聞き手の頭の中できちんと整理されて理解されるまでに、ある程度の時間がかかってしまう。これこそが時間の「ズレ」にほかならない。

　では、この「ズレ」をなくすにはどうしたらいいのか。スタジアムでの緊急事態の事例で言えば、観客を落ち着かせるために今何をすべきかをゆっくりと説明することが重要であろう。説明する側も、焦って早口で説明してしまうと、聞き手は余計に混乱するばかりで、正確に理解させることが困難になるに違いない。聞き手が理解するのを待って、ゆっくりと説明する。つまり、理解するための時間をつくることが重要なのである。これはプレゼンテーションにおいても同じである。すなわち、何よりもまず、ゆっくりと話し、重要なポイントについての説明のあとには若干の間をあけるなどして、聞き手の理解を待つことが不可欠なのである。

　②**全体像を提示しよう**

しかし、「ゆっくりと説明する」ことは消極的な技術である。危険が間近に迫っている場合には、そんな悠長なことを言っている余裕はないかもしれない。では、どうしたらいいのか。事前に緊急事態における避難の概要を連絡しておくなど、観客の行動がスムーズになるための準備作業をしておくといった積極的な対応が不可欠であろう。ところで、緊急時における対処法の概要を与えておくと、なぜ緊急時であっても比較的スムーズに説明の内容を理解させることができるのであろうか。経験したことのない事態に出くわすと、何が起きているのか、それはどれくらいの規模のものか、自分は何をすべきかなど、色々なことが頭の中で渦巻き、情報の整理に失敗して混乱してしまうのである。したがって、そうした事態を想定して、事前に予備知識を与えておけば、聞き手はその知識にもとづいて情報を整理することができる。理解のスピードが格段に上がるというわけである。

　プレゼンテーションでも同様のことをすればいい。最初に、避難マニュアルのような予備知識を与え、理解すべきことの全体像を示しておくのである。なお、全体像とは「概要」のことである。「まず概要を話す」ということは、プレゼンテーション・スキルの中でも基本中の基本であると言っても過言ではない。

※「概要を話す」例
本日、これからあなたにお話しすることは、「プレゼンテーション・スキル」の基礎です。社会人には絶対に必要なものですから、注意して聞いてください。

たとえば、いきなり12のスキルを一挙に説明してから、最後に以上のような概要を話すのと、最初に概要を話してから細かいスキルを順に説明していくのとでは、どちらがわかりやすいか考えてみてほしい。これは何の説明で、どれくらい大切か理解しないまま細かい説明を聞き、最後の説明で「ああ、これはプレゼンテーション・スキルの解説で、とても大切なことだったんだ」と気づくのと、最初に説明の概要とその重要性を知ってから、細かいスキルを学んでいくのとでは、理解の程度が違ってくるのは当然であろう。

　③間をとりながら強弱をつけて話そう
　①で「ゆっくりと話す」ことの重要性を説明したが、ただ「ゆっくり」であればいいわけではない。「間をとりながら強弱をつけて」ゆっくりと、である。なお、『「分かりやすい説明」の技術』では「しみいるように」と表現しているが、それだけでは足りない。時には熱を込めて、なかば強引に関心を引きつけることも必要である。
　音楽というものを考えてみると、その始まりから終わりまで、ひとつの連続した旋律で構成されているわけではない。その中に多くの「間」があることは知っているだろう。なぜ間があるかと言えば、その時間を利用して、そこまでのメロディーを聞き手の心にしっとりと「しみいらせる」ためである。また、音の強弱についても一定ではない。盛り上がる部分では迫力ある音が奏でられる一方で、静かにゆっくりと進んでいく部分もある。
　これと同じように、「間をとりながら強弱をつけて」話すというのは、ある一定の情報を話したら、少しだけ時間をおき、聞き手の理解を待つということを意味する。ポイントとポイントの間で、聞き手の情報処理が終わるまで「間」を置き、次の情報を提示することを少しの時間だけ控える。何よりも強調したいポイントの部分では、特に熱く語りかけるように心がけてほしい。そしてそのあと、少し待つのである。

早口はもちろんダメだが、だらだらと切れ目なく話すこともダメである。ただし、やたらと間を置けばいいというわけではない。時間は限られている。次の３つのポイントを意識しながら、説明のどの部分に間を置くべきか、時間配分に気をつけて考えてみてほしい。

・説明の区切りごとに間をとろう
・重要なことを話した後に間をとろう
・難しいことを話す場合は間を多めに使おう

---

④声は大きく、聞き取りやすく

　声を大きく、聞き取りやすくすることは、あまりにもわかりきったポイントではあるものの、意識していないと案外忘れがちである。声を腹のあたりから大きく出し、はっきりと聞きやすい声で話すように心がけること。どうしても人前で話すことが苦手な人もいるだろう。しかし、それを自分の性格だからとあきらめてはいけない。声が小さくて、自分の説明が相手に正確に伝わらないと、信じられないミスにつながるおそれがある。大きな声ではっきりと連絡事項を伝達しないと、重要な情報の共有に失敗し、重大な問題を引き起こすかもしれないので、注意してほしい。声の大きさには個人差があるが、聞き取りやすいかどうかは声の大きさだけではない。言葉の一言ひとことを正確にはっきりと発音するように心がけていれば、ある程度の改善は望めるだろう。また、先にも指摘したが、早口にならないことも重要である。ゆっくりと「間をとりながら強弱をつけて」話すよう、繰り返し練習すること。

⑤聞き手にあった説明をしよう

　先ほどのスタジアムの例で言えば、聞き手が女性、子ども、身体の不

自由なお年寄りなのか、体力のある男性なのかなど、説明する相手が違えば、話す内容も違ってくる。

　プレゼンテーションの準備をするにあたっても、聞き手が誰かを事前に把握するという基本作業を欠かすことはできない。聞き手が、主婦、高校生、新人サラリーマン、中年サラリーマン、専門研究者などと異なれば、それにあわせて説明の内容の程度や、進め方などの点で工夫する点が違うのは当然のことであろう。

　事前に聞き手の人物像を頭に入れておくと、準備したプレゼンテーションをチェックするときに、正確に見直しすることができる。専門研究者であれば、難解な専門用語をそのまま使ってもすんなり説明できるかもしれないが、聞き手が高校生であれば、その用語の意味を簡単な言葉を使っていねいに説明しなければならないだろう。逆に、聞き手が専門研究者の場合では、当たり前の基本用語の説明に時間を費やしてしまうと印象が悪くなる。そういったチェックができる。

⑥説明もれを防ごう
　聞き手をしっかりと意識していないと、「この情報は聞き手もすでに知っているだろう」と思い込んでしまうことも多い。自分にとってあまりにも当然なことであるため、聞き手が知らないにもかかわらず、聞き手も自分と同じように知っているだろうと誤解し、説明を省略してしまうのである。

　省略してはいけない説明を省略してしまうことは、絶対に避けなければならない。しかし逆に、説明を省けるのにわざわざ時間をかけて話してしまうことも、決していい説明とは言えない。わかりにくい説明になるのは、必要な説明を省いてしまった場合であるが、わかりきったことを説明してしまうのも時間の無駄づかいで、上手な説明とは言えない。

　説明もれがないか。過剰な説明をしている箇所はないか、必ず事前にチェックしておこう。第三者に自分のプレゼンテーションを前もって聞

いてもらい、こうした点に注意してチェックをしてもらうとよい。さらに、想像力を働かせて、自分自身がはじめてその説明を聞く人の気持ちになって、見直してみることも必要である。

⑦反応を見ながら話そう

プレゼンテーションには、聞き手を「説得」するという目的があるが、必ずしも最初は、あなたの主張を「そのとおりだ」と聞き手は思ってくれないかもしれない。話し手は、船員のリーダーのように、船舶の場を取り仕切る存在であると言える。その場合、説得とは「自分の意図どおりに理解してもらい、そのとおりに動いてもらうこと」ということになる。聞き手の意識を一定の方向に誘導していこうという明確な意図と戦略を持って説得しなければ、聞き手はしたがってくれないだろう。

では、どうしたら「説得力」のある話し方になるのであろうか。その最大のポイントは相手を見ながら話しているかどうか、である。具体的には、相手の反応や表情を常に意識することで聞き手は何を知りたがっているのかをチェックし、その期待に応えるような説明をすることである。しかし、それはそう簡単にできることではないだろう。

したがって、ここでは聞き手の意識を、簡単な方法で自分の意図する方向に導いていくための戦略を２つ紹介しよう。ひとつは、「聞き手に対して質問する」ことであり、もうひとつは「まとめ言葉を使う」ことである。

a.聞き手に質問しよう

聞き手に質問を投げかけたり、問いかけたりすることは、説明した内

容を確実に理解させる上で、非常に有効な手段となる。

では、どのタイミングで質問すると有効なのか。一般的に、質問のタイミングには、説明の「前」と「後」との2種類があり、それぞれ効果が異なる。

比較的よく使われるのは「後」の質問であろう。学校の先生や塾の講師などは、何らかの情報を伝達した「後」でその内容について生徒に質問する。そこには、教えた内容を確認し、復習し、まとめる効果があるからである。

しかし、プレゼンテーションにおいて重要になってくるのは、「後」の質問ではなく、「前」の質問である。

「前」の質問とはいうものの、いったいどのような説明の「前」で質問すべきなのか。もちろん、どのような質問でもいいわけではない。やはり「キーポイントの前」で質問するのが効果的である。キーポイントの前で聞き手に問いかけ、そのキーポイントを強調し、聞き手の注意をそこに引きつけるのである。

> ※「前」の質問の例
> なぜ、体育・スポーツ系学生にもプレゼンテーション・スキルが重要なのだと思いますか？

こうした問いかけを行うことで、「次に、この質問の答えを説明しますので、注目してください」ということを暗示しているのに気づくに違いないだろう。

説明を聞いているとき、聞き手はそれを理解しようと頭を懸命に動かして考えている。しかし、時には理解することに失敗し、情報を取りこぼしてしまうこともある。どのような授業であれ、先生の説明してくれた内容をすべて理解し、記憶することができるような学生はまずいな

い。もちろん、テーマの本質とあまり関係のない小さな情報を取りこぼしたとしてもそれほど問題はないだろう。しかし、根幹にかかわってくるような情報は、何が何でも正しく理解され、記憶されなければならない。どのような授業においても「これだけは知っておくべき」という情報と、そうではない情報とがあるものである。少なくとも重要な情報だけは、正しく効果的に伝えたいという場合に、「前」に質問するというテクニックを使うとよい。質問をすることで、聞き手の注意をその部分に引きつけ、次に出てくる重要な情報に集中させるのである。

さらに、「前」の質問が持つ効果には、「次に重要な説明が来る」ということを強調するということだけではなく、これからの話の「概要」を説明するという効果もある。たとえば、「なぜ、体育・スポーツ系学生にもプレゼンテーション・スキルが重要なのだと思いますか？」という質問は「それでは次に、体育・スポーツ系学生にとってのプレゼンテーション・スキルの重要性について解説しましょう」と言っているのと同じ効果がある。

何よりもまず、プレゼンテーション全体の概要を説明することが重要であると書いたが、そのことは、各々の部分でも同様である。各部分の説明の最初に、その部分の概要を説明するということである。その場合、こうした質問という形式で概要を説明すると、効果的であろう。

このように、「前」の質問は、「次に重要な説明が来ることの暗示」と「次に出される情報の概要説明」という2つの役割によって、聞き手の理解を格段にスムーズにすることができるのである。

ただし、質問をあまりに多用してしまうと、その効果が薄まってしまう。ある程度キーポイントを絞って活用するようにすることが大切である。こうした点についても、事前に第三者にチェックしてもらうといいだろう。

b.「まとめ言葉」を使おう

　話し手からの情報は、聞き手の頭に取り入れられ、分析され、そして理解されるが、理解を最後に後押しするのが「まとめ言葉」である。

　たとえば、「要するに……」「何が言いたいのかというと……」「つまり……」「結局……」などの言葉である。もし、意味がはっきりつかめなかったとしても、これらのまとめ言葉によって、聞き手は理解の方向性が固まり、納得させることができるのである。

⑧具体的な説明ばかりをしないようにしよう

　これまで、概要説明の重要性について繰り返し説明してきた。それでは、情報の細部にまで踏み込む詳細な説明と、この概要説明とのバランスはどのようにとっていけばいいのであろうか。

　ある事柄を調査し、分析する場合は、どこまでも細部にわたって緻密な作業が求められる。特に体育・スポーツ系であればなおさらであろう。しかし、プレゼンテーションにおいては、調べたすべてのことを細かく話さなければならない、というわけではない。やたらと詳細な説明に時間をかけてしまい、いちばん伝えなければならないはずの核心部分にかかわる説明が、ほんのわずかしか触れられていないようなプレゼンテーションを見かけることがあるが、これではダメである（ある一定の限られた時間、たとえば５分ならば５分で、聞き手を引きつけるような情報をプレゼンテーションしなければならない）。

　一方、まったく逆のタイプのプレゼンテーションも多い。すなわち、非常に大雑把な説明だけをしてしまっているのである。たしかに、少ない時間で大きな内容を話すことはできるだろうが、大雑把すぎてテーマに関する情報量が貧弱すぎ、その話を聞いただけでは、ぼんやりとしか理解することはできない。

　これらの弱点は、具体的な説明と、抽象的な説明のどちらかにかたよりすぎているということにある。ただし、抽象的という言葉のほうが嫌

われがちで、実際に「もっと具体的に説明しなさい」と注意されたことがあるのではないだろうか。逆に「具体的すぎる」とか、「くわしすぎる」とかいった内容の批判を受けたことはあるだろうか。おそらくはないであろう。このように、「具体」は善、「抽象」は悪というのが一般的な印象となっている。

　抽象性の特徴は、「指し示す範囲が不確定である」という点にある。日常生活の中では、範囲が確定しない悪い抽象性を含んだ説明で満ちあふれている。「こんどの新しい携帯プランは、すごくお得ですよ」（どれほど、どのように得になるのか？）、「たくさんの人が被害に遭いました」（10人？　100人？　1000人？）など、いくらでも目にすることができる。

　しかし、抽象的な説明のすべてが悪いものではない。実はここにプレゼンテーションにおける重要なポイントがある。抽象的な説明を上手に活用することによって、そのプレゼンテーションの内容をさらにふくらませることができるのである。

　ものごとを理解するには基本的に次の2つの視点が不可欠である。それは「部分」と「全体」である。どちらにかたよっていても、ものごとを正確に理解できたということにはならない。そして、この「部分」と「全体」は、「具体性」と「抽象性」とに関係する。すなわち、「部分」を説明するには具体的な説明が必要であり、一方「全体」を理解するためには抽象的な説明が必要ということである。そして、この「全体」こそが、これまでに繰り返し述べている「概要」にほかならないのである。

　詳細な「部分」ばかりを見ていたら、全体を見渡せないだろう。そこで、ときどき「全体」を提示しなければならない。「部分」と「全体」とを上手におりまぜながら説明を進めていくようにしよう。そのためには、説明したいことの「全体」＝概要を短い言葉で説明できるようにしておかなければならない。話したいことを「要約する」技術を磨いておこう。

⑨聞き手が知っている事例や比喩を使おう

　誰でも知っている事例にたとえて説明すると、「なるほど。ああ、そういうことか」と理解させやすくなる。

　その場合、具体的な事例だけではなく、誰でもよく知っているような比喩を利用することも有効であろう。比喩とは、一見すると関係のないような事柄でも、その本質部分においては同じであるのを示すことである。

　これらは、概要説明を行うに場合に、特に有効なスキルとなる。すなわち、「これから私が説明しようとしていることは、あなたがすでに知っているあの事例と同じですよ」、「世間でよく言われている、あの比喩と同じことを言いたいのですよ」というように、聞き手の立場からわかりやすく概要を説明することができるのである。

　比喩を使いこなせるようにするには、格言やことわざを普段から仕入れておき、いつでも使えるように慣れておくことが不可欠であろう。

⑩　論理的に主張しよう

　一方、具体的な説明を筋道を立てて進めていくためには、その内容をどこまでも「論理的」なものにしなくてはならない。論理的でなければ、根拠のない説明ということになってしまうからである。

　プレゼンテーションをできるだけ論理的なものにするためには、準備した資料をチェックしながら、リハーサルを繰り返さなければならない。その際、聞き手がどう反応するかを想像しながら「こう反論してきたら、こう説明する」というように考えてみることである。実際のプレゼンテーションでは、その場で聞き手が反論することは多くはないが、黙って聞いているようで、実はけっこう批判的に聞いているものである。そういう聞き手の批判をイメージして、論理をととのえていかなければならないのである。

⑪ 提示物は字を大きく読みやすく

　プレゼンテーションでは、選挙演説のようにただ自分の主張を自分の声で説明するだけではなく、OHP やパソコンのプレゼンテーションソフトなどを使用し、強調ポイントを短くまとめた文章でわかりやすく示し、図表や写真などを用いて視覚的に訴えることも重要なテクニックのひとつとなってくる。第 5 章「データの説明文を書こう」で学んだ内容を生かしてほしい。

　しかしその際、ひとつの提示物の中に、やたらと細かい情報をごちゃごちゃと入れ込み、会場の隅からよく見えないようなものを提示してはいけない。また、複雑すぎる図表が示され、その内容をほとんど理解できないような場合もある。ひとつの提示物を示す時間は、実際にはかなり短いということを踏まえ、ひと目でそれが何を意味しているのかわかるようなものにすべきである。提示物には、読みやすい字の大きさ、はっきりとわかりやすく複雑すぎない図やグラフ、鮮明な写真を用いるように心がけることが大切である。

　プレゼンテーションの善し悪しは、提示物の質によっても大きく左右される。わかりやすく、見やすく、斬新で興味深い資料を提示することで、説得力がぐっと増すであろう。ただし、あまりに見た目に懲りすぎてしまい、字体（フォント）や色使いなどを奇抜なものにしてしまうと、逆効果になる。

　以上のポイントは、事前に第三者にチェックしてもらうことで改善することが可能である。練習の際には、かならず提示物も用意しておくことが必要である。

⑫ 時間配分は適切に

　プレゼンテーションを行う場合、設定された開始時刻と終了時刻を守ることは、最低限の義務である。正確に時間を計り、実際に声に出して練習しておこう。なお、声を出すのと、出さないのとでは、話すスピー

ドが大きく異なるので注意すること。決められた時間を1秒でも超過した場合、その時点でプレゼンテーションを強制的に打ち切られるということも多い。自分の主張が最も濃厚な「結論」部分を、しっかり説明することができなかったとしたら、そのプレゼンテーションの評価は一挙に落ちてしまう。

　事前に声に出して練習してみたとき、大幅に時間を超えていたらどうすればいいか。もっとスピードアップして話せばよい、というわけにはいかない。ゆっくりと、間をとりながら、強弱をつけて話さなければ説得力のあるプレゼンテーションにはならないことは、すでに理解できているはずである。その場合には、不必要な部分をカットしたり、ある部分を短くしたりしなければならない。まず、自分の主張したい内容の根幹にそれほどかかわってはこない部分を、カットしスリム化する。次に、そうした部分をカットしても、まだ時間がオーバーしているようであれば、「要約」する。説明が詳細すぎるところはないだろうか。もう少し簡単にまとめても十分に聞き手に伝わるような部分はないだろうか。そうした部分をまとめることによって、時間の短縮を図るのである。

　逆に、プレゼンテーションの時間が短かったとしたら、説得力の足りない部分や弱い部分を探し出し、それを補強するような説明や資料をつけ加え、時間を調整することが必要である。

3．練習問題―プレゼンテーションを作成しよう

(1) プレゼンテーションの準備

プレゼンテーションの準備作業は以下のとおりである。
① プレゼンテーションのテーマを決める
② アウトラインをつくる
　a. タイトル
　b. 主張の概要を示す(目的)序論
　c. 主張の本体をつくる
　d. 結論を確定する
③ リハーサルをする
　a. 1人で時間を計りつつ練習を繰り返す
　b. 第三者にチェックをしてもらう
　　□ 流れは適切か
　　□ スライドの枚数は適当か
　　□ 適宜、グラフなどを入れているか
　　□ 論理的な説明になっているか

(2) グループ練習

　自宅でリハーサルを繰り返したあとは、授業のグループワークで、お互いのプレゼンテーションをチェックする作業を行う。

　プレゼンテーションがうまい人にはひとつの共通点がある。それは、「他の人のプレゼンテーションを見たときに、それに対してよい点・悪い点が具体的にいくつも的確に指摘できる」ということである。すなわち、他人のプレゼンテーションをしっかりと見る目を持っているということでもある。これは、他人のプレゼンテーションから自分に使えるポイントを具体的なレベルで読み取り、吸収することができるということを意味している。

　その逆もまたしかりである。「人のふり見てわがふり直せ」という言葉があるように、他人のプレゼンテーションから、自分の弱点にも気づかなければならない。

なお、グループワークには巻末のワークシートを用い、それぞれのプレゼンテーションのよい部分や悪い部分を、これまでに示したスキルの有無の観点から指摘すること。そして、複数のプレゼンテーションを見くらべ、それぞれの長所・短所をはっきりとさせる。そして、自らのプレゼンテーションに対する評価を検討し、どう改良するか考えてほしい。

4．課題プレゼンテーション

(1) テーマ「大学の授業で学んだこと」

　プレゼンテーションのテーマは、「これまでに大学の授業で学んだこと」で最も興味を持ったことにしよう。

　なぜ、このテーマなのか。それは、この授業を通じて日本語表現技術を高め、説得のある話し方ができるようになるだけではなく、最後の仕上げとしてプレゼンテーションを準備する過程で、学問に対する自分自身の興味や、大学でこれから主体的に学んでいきたいことを見つけてほしいからである。

　あなたは何らかの目標を持って大学へと進学し、そして今日までの間、授業でさまざまなことについて学んできたはずである。そうした大学での「学び」の中で、あなたが興味を持ったものはどれだけあるだろうか。「興味は才能の芽である」という言葉があるように、多くのことに興味を持つことこそが学びの原動力になるのであり、充実した大学生活を送るために不可欠なのである。何かしら興味を持ったものがあるはずである。それをぼんやりと放置しておくことはもったいないので、この機会に整理しておくとよいだろう。そして、その興味を大切にし、それをさらに深く追求していってほしい。

(2)　ルール

① 発表時間は１人５分間に限定する。短すぎることも、長すぎることも、大幅な減点対象となる。プラス・マイナス15秒以内で調整すること。

② プレゼンテーションをする相手は、「日本語表現法」同クラスの学生と教員である。彼らの持つ知識の量などを推測し、それに見合ったわかりやすい説明にすること。誰でもよく知っているようなテーマにすれば、それだけ準備しやすく、聞き手にも説明がしやすくなるかもしれないが、準備不足なプレゼンテーションの場合には、出来の悪さが歴然としてしまうという弱点もある。

③ ５分間に合ったトピックを選択する。ただし、「日本語表現法」は除く。

④ 提示資料を準備する。書画カメラで資料をスクリーンに投影する。
　　・Ａ５判の紙に準備
　　・ワープロソフト、プレゼンテーションソフトなどを用いる

⑤ ５分間で話すための読み上げ原稿を別に準備する。ただし、本番では、読み上げ原稿はできるだけ見ないようにすること。講師がずっと下を向いたままぼそぼそしゃべるような授業を思い起こしてみれば、その理由がわかるだろう。したがって、「話す内容」と「見せる内容」をよく考えること。

(3)　評価のポイント

　評価は、２名の教員によって別々の観点から行う。

① 評価者Ａ：技術的評価　10項目×５点＝50点
　以下の10項目の評価基準にしたがって客観的に評価する。
　　◆導　入
　　　１．聞き手との時間のズレを考慮していたか？
　　　２．全体像の提示は適切だったか？

◆プレゼンテーション・スキル
   3．声は大きく、聞き取りやすかったか？
   4．提示物は字が大きく読みやすかったか？
   5．間をとりながら強弱をつけて話していたか？
   6．聞き手の反応を見ながら話していたか？
   7．時間配分は適切だったか？
◆総合評価
   8．聞き手にあった説明をしていたか？
   9．説明はわかりやすかったか？
   10．全体の出来ばえを5段階で評価すると？

② 評価者B：主観的評価　50点
　以上のポイントのほかにも、プレゼンテーションの良し悪しが決まってくるようなところもあるだろう。それは話し手のキャラクターかもしれないし、テーマの内容そのものから来るものかもしれない。それは基準として明確に設定することができない部分だと言える。そうした箇所を含め、全体を評価者の観点から主観的に評価する。

(4)　その他の準備および注意事項
　① 話し手は、自分のプレゼンテーションの内容に関する、3つの小問題を用意しておくこと。問題の内容は、プレゼンテーションを聞いてさえいればわかるような簡単なもので、正解は○×で答えられるようなものにする。
　② 聞き手は、プレゼンテーションの内容を適宜ノートにとり、問題に答えられるように準備しておくこと。
　③ 改善すべきと思ったポイントや、疑問に思った点、さらに知りたいと思った点などを書きとめておき、あとで質問できるように準備しておくこと。

5．第7章のポイントの復習

〈よいプレゼンテーションにするためのポイント〉
　　○ ゆっくりと話すよう心掛けること
　　○ 最初に概要を説明すること
　　○ 間をとりながら強弱をつけて話すこと
　　○ 声は大きく、はっきりと話すこと
　　○ 聞き手に合わせた説明の内容を考えること
　　○ 聞き手も知っていると思い込まず、説明もれをなくすこと
　　○ 聞き手の反応を見ながら話すこと
　　　　・聞き手に対して質問する
　　　　・「まとめ言葉」を使う
　　○ 具体的説明と抽象的説明をバランスよく行うこと
　　○ 聞き手が知っている事例や比喩を使って説明すること
　　○ 論理的な主張をすること
　　○ 掲示物は字を大きく読みやすくすること
　　○ 時間配分を適切に調整すること
　　○ 事前にリハーサルを行い、第三者にチェックしてもらうこと

引用参考文献
藤沢晃治 (2002)『「分かりやすい説明」の技術』講談社。
諏訪邦夫 (2005)『理系のための上手な発表術』講談社。
R. H. R. アンホルト（鈴木炎ほか訳）(2008)『理系のための口頭発表術―聴衆を魅了する20の原則』講談社。
平林純 (2009)『論理的にプレゼンする技術―聴き手の記憶に残る話し方の極意』ソフトバンククリエイティブ。

補 章　文章を書く心がまえとルールを知り、
　　　　大海へ出よう

―引用の方法、注と文献リストの作り方―

武田　丈太郎・鴨川　明子

1. 補章のナビゲーション・マップ

(1) 補章の目的
　補章では、研究とは何かを考え、文章を書く上での心がまえやルールがあることを学ぶ。その上で、剽窃を避け、引用する力を鍛える。自らの主張を支えるために、既にある文章やデータを適切に引用する方法を数種類学ぶ。また、注や文献リストの作り方も習得しよう。

(2) 補章のチャート（概要）
　① 研究とは何か？　―文章を書く心がまえとルール―
　② 引用とは何か？　なぜ、引用力を鍛えるか？
　③ 引用する前提―著作権の考え方―
　④ 引用の種類―「直接引用」と要約引用―
　⑤ 引用の方法―括弧方式と注方式―
　⑥ 注の種類とつけ方
　⑦ 文献リスト（ビブリオグラフィー）の作り方

(3) 補章のポイント
　①先行研究の交通整理と適切な表現が、研究のスタート
　②著作権を学び、著作権侵害を避ける
　③剽窃はある種の「違法」行為
　④インターネットからの引用、プレゼンテーションソフトの引用に注意
　⑤出所では、著者名、出版年、ページ数の３点セットを明記
　⑥直接引用と要約引用を使い分ける

⑦直接引用は一字一句間違えないよう正確に書き写す
⑧要約引用は原文の文意を変えないよう心がける
⑨出所の表記方法には括弧方式と注方式の２種類ある
⑩注には脚注と後注／文末注の２種類ある
⑪文献リストの質は論文の質をも左右する

２．研究とは何か？―文章を書く心がまえとルール―

(1) 文章を書く心がまえ

　体育・スポーツ系の学生は、初年次に解剖学やスポーツバイオメカニクスといった自然科学系の分野（理系）と、スポーツ史やスポーツ社会学といった人文・社会科学系の分野（文系）を学ぶ。そして、３年次以降に、自分の興味・関心に合わせて専門的に学びたい研究室（研究分野）に進むのが一般的である。

　所属する研究室によって、研究の方法は様々である。理系の研究室に進んだ学生であれば実験的研究の手法を主に使うことになるだろう。また、文系の研究室に進んだ学生であれば、歴史研究等の分析的研究や質問紙法等の記述研究の手法を使うことが多いだろう。いずれにせよ、３年次以降、本格的に研究を進めていくことになる。

　では、体育・スポーツ系の学生にとって、研究とはどのようなものだろうか。研究は、自らのオリジナリティに基づいたひらめきからなると考えている学生もいるかもしれない。否、研究は、ある日突然、何かが下りてくるように大発見することができると考えている学生もいるだろう。それらの考えは、間違えとは言えない。だが、研究は、いきなりひらめいたり大発見したりするというよりは、もっともっと地道なものである。先人たちによる先行研究の積み重ねをたどり、それらの先行研究を交通整理する。新たな道を切り拓く可能性を信じて実験や調査を繰り

返した先に、小さな気づきにようやくたどり着く、そんな地道な作業の繰り返しだ。

(2) 文章を書く上でのルールを知ろう

地道な作業にもルールがある。ルールを知らずにやみくもに実験や調査を繰り返し、その結果を文章に書いても意味がない。研究上の基礎となるルール、とりわけ、研究の早い段階で、先行研究や実験結果等をまとめる上でのルールを知ることが求められる。

本書の終盤にさしかかり、初年次学生のあなたも、小さなレポートを書いたり、ゼミなどで発表したりする機会が増えてきたはずだ。学期末のまとまったレポートの課題を抱えている人もいるだろう。ここまで学んできた日本語表現法を実際に用いる段階で、改めて強調したいことは、キラリと光る小さな気づきにたどり着くまでに、いかに多くの先行研究を読み、それらの先行研究を交通整理すること、さらにあなたが繰り返した実験の結果を、ルールに則って適切に表現するかが大切だということである。文章を書く上でのルールを学び理解し、適切に成果を発表していこう。

この章は、あなたが大海へ出る前の、最後の一章だ。

3．引用とは何か？　なぜ、引用力を鍛えるか？

(1) 引用する前提──著作権の考え方──

レポートを書いたり、発表したりする時に、「どこまでがあなたの意見か」と、先生や先輩に質問されたことはないだろうか。時に「どこからが他人の意見か」と詰問された経験を持つ人もいるかもしれない。それらの質問に答えるためには、引用のルールを知り、「引用力」を鍛える必要がある。

引用とは、他者の知見を、文字通り「引いてきて用いる」方法である。第3章で述べた通り、引用する方法には2種類ある。自らが興味あるテーマを既に論述している本や論文から、よい箇所を一字一句違わず抜き取る方法（直接引用）と、論文やレポートに与えられた紙幅の都合から、ある程度要約してから引用する方法（要約引用）である。

　では、なぜ、引用する必要があるのだろうか。引用する理由には2つある。第一に、引用することによって、自ら主張したい事柄に説得力を増すため、第二に、自らの主張と他者の主張とを分け、著作権侵害や剽窃を避けるためである。

　著作権法第32条によると、「公表された著作物は、引用して利用することができる。この場合において、その引用は、公正な慣行に合致するものであり、かつ、報道、批評、研究その他の引用の目的上正当な範囲内で行なわれるものでなければならない」と規定される。

　この場合、いわゆる論文での「公正な慣行」とは、①引用部を「……」でくくって引用の範囲を明確にし、②出所を明示することである。これらの「公正な慣行」を怠り、他人の著作物の一部を、あたかもみずからの主張・発見であるかのようにそのまま使用することは剽窃と呼ばれる。著作権法第32条を踏まえ、剽窃を避け、適切に引用することが求められる。剽窃については、第3章を復習すると理解がより深まるだろう。

　では、どのように引用すればよいだろうか。さきほどまで読んでいた本の内容を、知らず知らずのうちに写してしまって、その出所を明記していなかったとしたら、それはある種の「違法」行為になる。最近、大学によっては、剽窃や盗用は停学処分の対象にされる場合もある。引用箇所を括弧にくくるなどして、出所を明記することが、何より重要な引用のルールである。

　また、日本では、欧米ほど引用の書き方に明確な基準が存在しない。専門とする学問分野や領域で一般的に用いられる基準や方法を知り、最初から最後までその方法で統一することが肝要である。

(2) インターネットからの引用とプレゼンテーションソフトにおける引用

　レポートや論文において、ルールにのっとりながら、適切に引用できるようになったとする。その際、意外に見落とされがちで、気を付けておきたいのが次の２つの場合である。一つは、インターネットからの引用、もう一つはプレゼンテーションソフトにおける引用である。

　まず、インターネットからの引用についてだが、最近では、学生のレポートや発表のもとになる資料の大半が、インターネットからの引用に基づく場合が多い。インターネットからの引用には、注意が必要である。もっとも注意が必要なのは、ソースとなるインターネットが信用に値するか否かという点だ。誰でも書き込むことができるのがインターネットの特性であるとするならば、裏を返せば、インターネットからの情報が、信用に足る内容か否かのチェックも自然と甘くなってしまいがちだ。インターネットから資料を引っ張ってくる折には、その資料が信頼に足るものかを疑い、吟味してほしい。できれば、インターネット資料の元になっている資料にまで、自らの目で、足でたどり着いてほしい。

　次に、プレゼンテーションソフトにおける引用である。どういうわけか、学生の発表を見ていると、レポートや論文と異なり、プレゼンテーションソフトにおける引用元の明記が甘くなる傾向にある。レポートや論文と同様に、プレゼンテーションソフトの発表も、公の場所での発表という点にかわりはないため、ぜひとも適切な引用を心がけてほしい。他人の意見を引っ張って用いる際には、あたかも自らの意見のように、引用元を明らかにせずに述べるのではなく、誰の意見か、どこからが自らの意見かの境目を明らかにしながら、発表することを心がけたい。その方が、より信頼に足る引用となる。

　以下では、引用の種類と方法、文献リストのつくり方と注の書き方の一例を学ぼう。

4．引用の種類とその方法

(1) 引用の種類—直接引用と要約引用—

　引用の種類には2種類ある。一つは、直接引用[i]で、もう一つは、要約引用である。直接引用とは、原文を一字一句違うことなく書き写しながら引用する方法である。一方、要約引用とは、いくつかの先行文献の意見を要約しながら、まとめて引用する方法である。

　文系（人文・社会科学系）の論文では、直接引用と要約引用のどちらの方法も用いられることが多いが、理系（自然科学系）の論文では、要約引用の方法を多用されることが多いのが一般的である。体育・スポーツ系は文系も理系も含まれるため、分野によって事情が異なるものの、理系の場合は、既に発見された事実、提唱された理論や新技術の内容を適切に要約した上で、引用することがより求められるであろう。

(2) 引用の方法—括弧方式と注方式—

　引用の具体的な方法を見ていきたい。直接引用する際の注意点は、該当する語句や文等をカギ括弧でくくる点にある。その際、一字一句間違えないように正確に書き写す必要がある。一般的に、引用したい箇所が3行以上にわたる場合は、直接引用にする場合が多い。だからといって、引用しすぎるのもあまりよくない。たとえば、ページのすべてがカギ括弧でくくられた直接引用で占められる文章を書くなどということは避けなければならない。

　引用したい箇所が多箇所にわたる場合や分量が多い場合に、要約引用を選択するとよい。要約引用する場合は、原文の文意を変えないように心がけることが最も重要である。また、どこからが他者の主張で、どこからが自らの主張かを分けなければならない。そのために、「○○によると」と原著者の名前を明記したり、「指摘される」や「述べられる」という引用時に頻出する述語を用いたりするとよい。基本的には、第2章で

学んだ要約文の書き方と同じ注意点を守ろう。

さらに、引用は、表記方法に応じて、括弧方式か注方式をとる。引用してきた箇所の出所を、括弧方式で明記する場合、次のように丸括弧内に（著者名、出版年、ページ数の３点セット）を記す。表記の方法は様々であるので、自らの専門分野や専門領域で一般的とされる表記方法は何かを確認しておこう。

以下は、括弧方式と注方式の引用例である。
①括弧方式—（著者名＋出版年＋ページ数の３点セット）をマル括弧に入れた後に、文末・巻末に文献リストを掲載することが多い。文献リストの作成方法は後述するが、直接引用と要約引用を用いた括弧方式の例を見てみよう。なお、一般的に、原著書の情報はマル括弧に、引用文はカギ括弧でくくることが多い。

直接引用例文—重要な語句の説明に用いる場合
　近年、特に注目されているフィールドワークに、民族誌的フィールドワークがある。民族誌的フィールドワークとは、「現場の社会生活に密着して調査を進める参与観察型」のフィールドワークである（佐藤　2006, p.22）。本研究では、海洋における民族誌的フィールドワークの可能性を探る。

要約引用例文—先行研究を踏まえて、実証的・応用的に検討する場合
　佐藤（2006）は、近年特に注目されているフィールドワークには、民族誌的フィールドワークがあると指摘し、その意義と課題を論じている（p.22）。（中略）本論文では、佐藤が示した意義と課題について、海洋におけるフィールドワークの事例をもとに実証的に検討することを目的とする。

補章　文章を書く心がまえとルールを知り、大海へ出よう　149

　以上が、括弧方式による２種類の引用の例である。括弧方式による引用の文末（巻末）には、引用した文献のリストを載せる必要がある。文献リストの作り方は後に論じることとする。

　②注方式―注方式の場合は、文献情報のすべてを注に載せる。注方式をとる場合も、文末に文献リストを載せてもよい。以下の例文と、章末の注を見てみよう。

　|要約引用例文|―先行研究を批判的に検討し、新たな課題を示す場合
　近年民族誌的フィールドワークが注目されており、その意義を指摘する先行研究もある[ii]。しかしながら、本論文では、民族誌的フィールドワークの意義を批判的に検討し、課題を示すことを目的とする。その際、海洋における事例を用いる。

(3) 注の種類とつけ方

　注には、脚注と後注／文末注の２種類ある。脚注 (footnote) は、本文で注をつけた各ページの末尾につける方法であり、後注／文末注 (endnote) は、本文全体の末尾に注をまとめて示す方法である。
　注には、語句等を説明する機能と、引用に関する文献情報を載せる機能などがある。引用した原著書の文献情報を載せる機能は上述した通りである。本文で書くほどではないが、人によっては定義が異なると考えられるような語句を、注で取り上げるとよい。語句等を説明する場合には、注に、「GPSとは……」、「民族誌的フィールドワークとは……」と、重要と思われる語句の説明をする。

　ワープロソフトを活用し、注機能や上付き文字を使うなどして、適切な部分（語句、文全体、括弧内全体等）に注をつける。
　　・上付き文字で番号のみの例　　　　「―――1」

・上付き文字で"注"＋番号の例　　「———注1」
・「　」の外に注番号を記す例　　「———」1

　注と引用のつけ方、文献リストの作り方については、章末に挙げる文献等も参照されたい。

(4) 文献リスト（ビブリオグラフィー）のつくり方

　レポートや論文であれ、パワーポイントによる発表であれ、レポート・論文や発表の最後に、文献リストを掲載しなければならない。読み手や聞き手は、文献リストが充実していると、レポート・論文や発表の質が高いと感じる。その文献リストに、取り上げた分野で読んでおくべき本や論文が含まれていれば、なおよい。

　パワーポイントによる発表に、引用箇所や文献リストを省略する発表が多く見受けられる。たしかに、発表には時間の制約がある場合が多いが、適切な引用を心がけ、少なくとも主要な文献リストを掲載するようにはしたい。パワーポイントの発表をもとにして、後にレポートや論文を構成する場合が多いため、書き手にとっても、適切に引用し、文献リストを掲載するメリットは大きい。

　日本語の文献リストを作成する方法に決まった形式はない。とはいえ、河野哲也(2002)『レポート・論文の書き方─第3版─』(慶應義塾大学出版会)や、櫻井雅夫(2003)『レポート・論文の書き方　上級　改訂版』(慶應義塾大学出版会)など、定評ある参考書を見れば、一定の形式がわかる。あるいは、ぜひ書店で、「レポートの書き方」「論文の書き方」「ライティング」「文章」「表現法」などのコーナーに行って、読みやすい参考書を手に取ってみよう。もし指導教員や先輩が勧める参考書があれば、1冊購入して、手元に置いておくとよい。

　では、実際にどのように文献リストをつくればよいだろうか。特によく利用される資料の種類に絞って、文献リストの例を挙げる。

著書―著者または編者名、出版年、著書名、出版社名、(ページ数)。
〈例〉　江口弘文(2010)『理工系の基礎知識―大学4年間をムダにしないために science : i BOOK』ソフトバンククリエイティブ。
〈例〉　村井吉敬(2010)「海の東南アジア学の可能性と展望―エビやナマコの先に見えるもの―」村井吉敬編『アジア学のすすめ第2巻アジア社会・文化論』弘文堂。
　論文―著者名、出版年、論文名、発行組織名、雑誌名、巻数・号数、発行所名、ページ数。
〈例〉　三尾忠男(2005)「大学教員の意識調査にもとづく我が国のファカルティ・ディベロップメントのあり方に関する考察」早稲田大学教育総合研究所『早稲田教育評論』第19巻第1号、pp.137-151。
　新聞記事―新聞名、記事名、新聞社名、発行年月日、ページ数。
〈例〉　朝日新聞「中国　貧しい人を救えるのか」朝日新聞社、2005年10月14日朝刊。

　文献リストには、映像資料やインターネットでダウンロードした資料も挙げる。ウェブサイトを資料に用いる場合は、紙媒体の資料とは性質が異なることに留意し、下記のように、必ず閲覧日を書き添える習慣を身につけよう。
　インターネット資料―サイト名(ページ名)、アドレス、閲覧日。
〈例〉　科学技術社会論学会 http://jssts.org/ (2010年7月27日閲覧)。

　以上が最低限守るべき引用のルールである。改めて、剽窃は違法行為であることを認識してほしい。そして、引用に関わる様々なルールを知り、自らの意見と他人の意見とを明確に分けることを心がけよう。そうすれば、あなたが、質の高い口頭発表をし、その発表を踏まえて、質の高いレポートや論文を書くことができる日は近い。

5．練習問題

【課題１】
　第３章で用いた要約の課題文を用いて、直接引用と要約引用の両方を含んだ要約文を書こう。①直接引用は、重要な語句を説明するために、原著者の表現に手を加えずその意図を正確に伝えるために、②要約引用は、自らの主張をサポート（あるいは批判）するために適宜用いるようにしよう。重要な語句とは、たとえば、スポーツ庁、組織、五輪後、施策などが挙げられる。

【課題１】の解説と解答例
　ここでは、第２章の練習問題への解答例をもとにして、直接引用と要約引用を両方用いた解答例を示す。この解答例では、第１段落では直接引用（下線部）を、第２・３段落では要約引用（下線部）を主に用いた。

　　2020年の東京での五輪開催が契機となり、今年10月に文部科学省の外局としてスポーツ庁が発足する。新組織は、「文科省のスポーツ・青少年局を母体とし、これまでスポーツ行政を別個に担ってきた国土交通、外務、経済産業、厚生労働、農林水産など各省の職員」で構成され、関係各省との連携や調整を行う司令塔的な役割が求められる。
　　競技団体もメダル獲得に向けた国による財政支援の拡充に期待を寄せるように、五輪に向けて競技力の向上を図りつつ、五輪後を見据えて日本スポーツ界の土台を固めることが重要である。
　　そのためにも、経理や法務など事務局業務を支援する態勢を構築するなどして、組織の基盤が弱い競技団体のガバナンスを確立する必要がある。また、スポーツ庁には学校体育と運動部活動が移管されるので大学の教員養成課程のカリキュラムに部活指導を組み込むなどして、暴力的指導が問題になった運動部活動における指導者の資質向上にも取り組んでいく必要がある。

【課題２】

「アジア太平洋の外交とオーストラリア」というテーマでレポートを書くとして、以下の参考文献リストを作成してみた。リストの内、加筆すべき点、修正すべき点があるかどうか考えてみよう。

【課題２】解説と解答例

稲田十一（2004）『紛争と復興支援―平和構築に向けた国際社会の対応』有斐閣.
岩本祐二（1993）『オーストラリアの内政と外交』日本評論社.
上杉勇司（2006）『変わりゆく国連 PKO と紛争解決―平和創造と平和構築をつなぐ』明石書店
上杉勇司、青井千由紀：編（2008）『国家建設における民軍関係』国際書院.
神余隆博『新国連論―国際平和のための国連と日本の役割』大阪大学出版会、1995 年.
吉田健正（1994）『国連平和維持活動―ミドルパワー・カナダの国際貢献』彩流社.
防衛省防衛研究所編『東アジア戦略概観 2008』（防衛省防衛研究所、2008 年）
David Honer 、et al. 'AUSTRALIAN PEACEKEEPING-SIXTY YEARS IN THE FIELD'（CAMBRIDGE: CAMBRIDGE UNIVERSITY PRESS, 2009）
VINCENT CHETAIL 、' POST-CONFLICT Peacebuilding :A Lexicon'（OXFORD: OXFORD UNIVERSITY PRESS, 2009）
オーストラリア国防省 http://www.defence.gov.au/index.cfm
「豪州の戦略　アジアを取り込め」（朝日新聞 Globe 2010 年 4 月 5 日）

最初に気づくことは、形式が統一されていないことである。たとえば、出版年の書き方が統一されておらず、日本語と英語の書き方も統一されていない。また、出版年と出版社の書き方が異なっている点に気づくだろう。

次に、英語の文献では、異なったフォントを使っているだけでなく、大文字にすべきか小文字にすべき箇所に規則性がない。加えて、インターネット資料の情報が不充分である。

さらに、細かいことであるが、一冊一冊の終わりを示す「。」が打たれていない。それぞれの文献等の終わりを示す「。」は必ず打つこと。一冊一冊の終わりを示す「。」は、「.」と表現されることもある。「、」「,」も同様である。大事な点は、同一論文や同一レポート内で、統一する点にある。自らの学問分野・領域で一般的な表現方法を知り、どの方法で統一するとよいかを自ら判断してもらいたい。

以上の点を踏まえると、参考文献リストは以下のように加筆・修正できるだろう。

稲田十一 (2004)『紛争と復興支援―平和構築に向けた国際社会の対応』有斐閣.
岩本祐二 (1993)『オーストラリアの内政と外交』日本評論社.
上杉勇司 (2006)『変わりゆく国連 PKO と紛争解決―平和創造と平和構築をつなぐ』明石書店.
上杉勇司、青井千由紀編 (2008)『国家建設における民軍関係』国際書院.
神余隆博 (1995)『新国連論―国際平和のための国連と日本の役割』大阪大学出版会.
吉田健正 (1994)『国連平和維持活動―ミドルパワー・カナダの国際貢献』彩流社.
防衛省防衛研究所編 (2008)『東アジア戦略概観 2008』防衛省防衛研究所.

補 章　文章を書く心がまえとルールを知り、大海へ出よう　155

> David Honer, et al. (2009)『Australian Peacekeeping-Sixty Years in The Field』Cambridge University Press.
> Vincent Chetail (2009)『Post-Conflict Peacebuilding : a Lexicon』Oxford University Press.
> オーストラリア国防省 http://www.defence.gov.au/index.cfm（××××年×月×日閲覧）.
> 朝日新聞 Globe「豪州の戦略　アジアを取り込め」朝日新聞社、2010 年 4 月 5 日.

6．補章のポイントの復習

① 著作権を学び、著作権侵害を避ける。
② 剽窃は違法行為。
③ 出所では、著者名、出版年、ページ数の３点セットを明記。
④ 直接引用と要約引用を使い分ける。
⑤ 直接引用は一字一句間違えないよう正確に書き写す。
⑥ 要約引用は原文の文意を変えないよう心がける。
⑦ 出所の表記方法には括弧方式と注方式の２種類ある。
⑧ 注には脚注と後注／文末注の２種類ある。
⑨ 文献リストの質は論文の質をも左右する。

注
i　直接引用は「ブロック引用」と呼ばれる場合もある（佐渡島・吉野 2008）。
ii　たとえば、佐藤郁哉 (2006)『フィールドワーク―書を持って街へ出よう―』新曜社、p.22。

引用参考文献

石坂春秋 (2003)『レポート・論文・プレゼンスキルズ』くろしお出版。
大島弥生他 (2005)『ピアで学ぶ大学生の日本語表現―プロセス重視のレポート作成』ひつじ書房。
河野哲也 (2002)『レポート・論文の書き方入門―第3版』慶應義塾大学出版会。
櫻井雅夫 (2003)『レポート・論文の書き方 上級―改訂版』慶應義塾大学出版会。
佐渡島紗織・吉野亜矢子 (2008)『これから研究を書くひとのためのガイドブック』ひつじ書房。
ジェリー＝R＝トーマス・ジャック＝K＝ネルソン (1999)『最新 体育・スポーツ科学研究法』大修館書店。
東洋大学福祉社会システム専攻出版委員会編 (2011)『経験と知の再構成―社会人のための社会科学系大学院のススメ―』東信堂。
日本学術振興会「科学の健全な発展のために」編集委員会 (2015)『【テキスト版】科学の健全な発展のために―誠実な科学者の心得―』www.jsps.go.jp/j-kousei/data/rinri.pdf

おわりに

　本書は、森下稔・久保田英助・鴨川明子編『新版　理工系学生のための日本語表現法―学士力の基礎を作る初年次教育』(東信堂、2010年刊) を下敷きとしつつ、その内容について、体育・スポーツ系学生を対象として書き改めたものである。各章において体育・スポーツに連なる内容を扱うことに留意しながら、体育・スポーツ系学生が (他の学問分野を専門とする学生よりも) 適切に使用することが求められる敬語を扱う章を新設したほか、卒業研究で扱うことが多いデータとその説明文の解説について、やや詳細な解説を加えた。また、体育・スポーツにまつわるコラムを三点挿入し、読者が飽きずに本書を利用できるよう、構成にも工夫を加えた。その他の特徴等については、「はじめに」に記した通りである。

　以下では、本書を閉じるにあたって、新潟医療福祉大学における「日本語表現法Ⅰ」「日本語表現法Ⅱ」の位置づけを紹介しておく。ただし、講義の方法・評価については、東京海洋大学における実践とほぼ同一であるため、割愛する。これらの詳細については、前掲書の改訂版である森下稔監修『第三版　理工系学生のための日本語表現法―アウトカム達成のための初年次教育』(東信堂、2016年刊) を参照されたい。

　新潟医療福祉大学の「日本語表現法Ⅰ」「日本語表現法Ⅱ」(以下、まとめて「日本語表現法」と表記する) は、1年次後期配当の保健医療福祉教養科目群に属する選択科目である。全学共通の綱領及びシラバスの下、各学科から選出された教員が、学科の判断で受講対象とした学生を対象に授業を行っている。

　体育・スポーツ系学生のほとんどが在籍している健康スポーツ学科においては、平成28(2016)年度現在、1年次前期に実施される資格試験の不合格者が履修必修者と定められている (また履修必修者以外にも、選択科

目として受講を希望する学生が履修している)。履修者数は年度によりばらつきがあるが、入学者数の増加に伴い、ここ数年は毎年100〜120名あまりの学生が履修している。なお履修者数の増加に伴いクラスや担当教員数も増加しており、平成24(2012)年度までは1クラス1教員体制であったが、平成25(2013)年度は2クラス2教員体制、平成26(2014)年度は3クラス3教員体制、平成27(2015)年度は4クラス4教員体制と、年々実施の規模が拡大されている。

新潟医療福祉大学で展開されている「日本語表現法」においては、全学共通の綱領とシラバスを踏まえていれば、実際の授業構成や具体的内容は原則として各学科の授業担当者に委ねられている。以下、シラバスに記載された内容から、本授業の目標等を確認してみたい。

新潟医療福祉大学の「日本語表現法」は、「高等教育を推し進めていく上で必要とされる、「読む」、「書く」、「発表する」ことを中心とした日本語能力および表現能力の向上を図ることを目標とする」ことが一般目標として設定されている。またより具体的な学習目標・行動目標として、「1. 一般的に用いられる語彙および簡単な専門用語を読み、書き、説明することができる」「2. 文章を読み、それを要約することができる」「3. 他者の話の中からキーワードを取り上げ、内容を要約することができる」「4. 表、図、グラフなどの情報から気づいたことを他者に伝達(口述・記述)することができる」の4点が挙げられている。以上の一般情報と学習目標・行動目標を整理すれば、新潟医療福祉大学の「日本語表現法」は、基礎情報の理解、文章情報及び口述情報の要約、図表情報の理解及び伝達に関わる力を主たる項目として定めた上で、受講学生の日本語運用能力向上を目指した科目であることがわかる。同時にこの内容から、本書で扱っている内容がこれらのシラバスに合致した内容であることも確認可能である(もっともこの点については、本書が同科目のテキストとして作成されていることから、当然ではある)。なお、健康スポーツ学科における同科目の内容を検討した論考として、吉田重和(2014)「健康・スポーツ

学分野における「日本語表現法」授業形態の検討－初年次教育の充実に資するための質的研究－」『早稲田大学教育学会紀要』第 16 号、pp.91-98、などがある。必要に応じて参照されたい。

　平成 28 年度以降、執筆者らは、本書を活用し、より効果的で実践的な「日本語表現法Ⅰ」「日本語表現法Ⅱ」の授業を展開していきたいと考えている。本書の効果的な運用方法はもちろんのこと、体育・スポーツ系学生の日本語運用能力の伸長に資する授業・学習形態の在り方などについて、執筆者間で議論を重ね、引き続き検討を続けていきたい。

　本書の出版にあたって多くの方のお力添えをいただいたことに心より感謝する。ここでは特に、お二方の名前を挙げさせていただきたい。出版を引き受けていただいた東信堂の下田勝司氏は、「『理工系』に続き、『体育・スポーツ系』テキストの作成を…！」という執筆者らの申し出をご快諾してくださっただけでなく、温かい励ましと多大なるご理解・ご協力もくださった。また、「理工系」テキストの編者であり、本書を監修してくださった森下稔氏（東京海洋大学教授）は、「体育・スポーツ系」を「理工系」の姉妹版として認めてくださり、内容や編集等についても多くのアドバイスをくださった。本書は、お二方の深いご理解とご支援があって初めて世に出ることができたといっても過言ではない。両氏のご厚情について、ここに記して深く感謝したい。

　また最後になったが、新潟医療福祉大学健康科学部健康スポーツ学科において、これまで「日本語表現法」を履修した"健スポ"の皆さん全員に心より感謝したい。本書は、その性質上、同科目を受講する"健スポ"の皆さんがいてはじめて存在するものである。授業内外での皆さんとのやりとりや、皆さんが提出してくれた課題の（ときに間違いの）内容は、執筆者一人ひとりにとって、執筆に際してのアイデアとエネルギーの源となった。一人ひとりの名前を挙げることはできないが、この場を借りて心より感謝する次第である。"健スポ"の皆さん、本当にどうもありがとう。

2016 年　夏

編者を代表して　吉田　重和

【主たる執筆者略歴】

本柳　とみ子（もとやなぎ　とみこ）

1954 年生まれ。2012 年早稲田大学大学院教育学研究科博士後期課程修了。博士（教育学）
現在、早稲田大学グローバルエデュケーションセンター非常勤講師。
専攻　比較教育学、オーストラリアの教育、教師教育。

遠山　孝司（とおやま　たかし）

1971 年生まれ。2002 年名古屋大学大学院教育発達科学研究科教育心理学専攻博士課程後期課程単位取得後退学。現在、新潟医療福祉大学健康科学部講師。
専攻　教育心理学、教育工学、教師学。

武田　丈太郎（たけだ　じょうたろう）

1980 年生まれ。2010 年筑波大学大学院人間総合科学研究科一貫制博士課程単位取得後退学。現在、新潟医療福祉大学健康科学部講師。
専攻　スポーツ政策論、スポーツ法学、地域スポーツ研究

佐藤　裕紀（さとう　ひろき）

1983 年生まれ。2009 年早稲田大学大学院教育学研究科修士課程修了（早稲田大学大学院教育学研究科博士後期課程在籍）。現在、新潟医療福祉大学健康科学部助教。
専攻　比較教育学、デンマーク教育研究、生涯学習論。

中島　郁子（なかじま　ふみこ）

1985 年生まれ。2011 年浜松大学大学院修了（臨床心理学修士）。筑波大学大学院人間総合科学研究科博士後期課程在学中。2015 年より新潟医療福祉大学健康科学部助教。臨床心理士、認定スポーツカウンセラー。
専攻　臨床心理学、臨床スポーツ心理学、アスリートの心理療法。

【編者略歴】

吉田　重和（よしだ　しげかず）
1976年生まれ。2010年早稲田大学大学院教育学研究科博士後期課程単位取得後退学。現在、新潟医療福祉大学健康科学部准教授。
専攻、比較教育学、オランダ教育研究、教育制度論。
主要著作：長島啓記編『基礎から学ぶ比較教育学』（共著、学文社、2014年）。新潟医療福祉大学健康スポーツ学科教職実践研究会編『教職概論　ワークシートを用いた実践的理解』（共著、大学教育出版会、2015年）。ほか。

古阪　肇（ふるさか　はじめ）
1978年生まれ。2013年早稲田大学大学院教育学研究科博士後期課程単位取得満期退学。現在、千葉大学大学院医学研究院特任助教。
専攻、比較教育学、イギリス教育研究、パブリック・スクール研究。
主要著作：長島啓記編『基礎から学ぶ比較教育学』（共著、学文社、2014年）。岡田昭人編著『教育学入門　30のテーマで学ぶ』（共著、ミネルヴァ書房、2015年）。ほか。

鴨川　明子（かもがわ　あきこ）
1974年生まれ。2007年早稲田大学大学院教育学研究科にて博士（教育学）。
現在、山梨大学大学院総合研究部教育学域（教職大学院）准教授。
専攻、比較教育学、マレーシア教育研究、ジェンダー論。
主要著作：『マレーシア青年期女性の進路形成』（単著、東信堂、2008年）。『アジア地域統合講座テキストブック　アジアを学ぶ―海外調査研究の手法―』（単編著、勁草書房、2011年）。ほか。

【監修者略歴】

森下　稔（もりした　みのる）
1967年生まれ。1997年、九州大学大学院教育学研究科博士課程単位取得後退学
現在、東京海洋大学学術研究院教授。
専攻、比較教育学、タイ教育研究。
主要著作：山田肖子・森下稔編著『比較教育学の地平を拓く―多様な学問観と知の共働―』（共編著、東信堂、2013年）。森下稔編集代表『第三版 理工系学生のための日本語表現法』（東信堂、2016年）。ほか。

体育・スポーツ系学生のための日本語表現法

2016年11月1日　　初　版　第1刷発行　　　　　　〔検印省略〕
2022年11月30日　　初　版　第2刷発行　　　＊定価はカバーに表示してあります

編者©吉田重和・古阪肇・鴨川明子　発行者 下田勝司　　印刷・製本／中央精版印刷

東京都文京区向丘1-20-6　　郵便振替00110-6-37828
〒113-0023　TEL(03)3818-5521　FAX(03)3818-5514　　発行所 株式会社 東信堂

Published by TOSHINDO PUBLISHING CO., LTD
1-20-6, Mukougaoka, Bunkyo-ku, Tokyo, 113-0023, Japan
http://www.toshindo-pub.com/　E-mail：tk203444@fsinet.or.jp

ISBN 978-4-7989-1387-2 C3037 ©S.YOSHIDA, H. FURUSAKA, A. KAMOGAWA

第2章　正しい敬語を使用する課題

学籍番号 _____　　氏名 _____　　20　年　月　日（　）

評価　S　A　B　C

①敬語を含めた文章表現上の難点

②適切なメール作成の観点

③その他の観点

第3章　手順の説明文を書く課題

20　年　月　日（　）
日本語表現法：第　回

学籍番号　_____　氏名　_____

評価　　S　　A　　B　　C　　D

課題：

【手順の説明】　　　　　　　　　　　　　　　【改善ポイント】

1. _____

2. _____

3. _____

4. _____

5. _____

6. _____

【手順・方法説明】　　　　　　　　　【改善ポイント】

7. _____
_____
_____

8. _____
_____
_____

9. _____
_____
_____

10. _____
_____
_____

11. _____
_____
_____

12. _____
_____
_____

13. _____
_____
_____

第5章 主張文を書く課題

日本語表現法：第　　回
20　　年　　月　　日（　　）

学籍番号　　　　　　　氏名　　　　　　　　　　評価　S　A　B　C　D

課題：配布される文章を読んで、主張する文章を200字で書きなさい。

【主張（200字）】

【改善ポイント】

日本語表現法 第　回　プレゼンテーション練習グループワークシート　　　　　教室　グループ　　　　　ボーナス点

①名前　　　　　　　　　学籍No.
仮タイトル

②名前　　　　　　　　　学籍No.
仮タイトル

③名前　　　　　　　　　学籍No.
仮タイトル

④名前　　　　　　　　　学籍No.
仮タイトル

⑤名前　　　　　　　　　学籍No.
仮タイトル

⑥名前　　　　　　　　　学籍No.
仮タイトル

⑦名前　　　　　　　　　学籍No.
仮タイトル

⑧名前　　　　　　　　　学籍No.
仮タイトル

⑨名前　　　　　　　　　学籍No.
仮タイトル